D1855233

KLUGE GEFÜHLE

Familienratgeber zur Förderung
der emotionalen Intelligenz

Mehr Zeit für Kinder

PRÄVENTION
Die Initiative der BARMER. AKTIV

BARMER
Deutschlands größte Krankenkasse

Gefühle, gleich welcher Art,
sind das Empfindsamste,
was wir haben.

Susanne Gerfert, Horstmar

Inhalt

Liebe Eltern,

wer die Geburt seines Kindes als Mutter oder Vater miterlebt hat, weiß, dass Gefühle überwältigend sein können, zum Leben gehören, einen Sinn haben und Sinn machen. Doch welchen Sinn haben Gefühle wie Wut, Zorn, Trauer, Angst? Wie gehen wir mit ihnen um? Was machen diese Gefühle mit uns und unserem Körper, wenn sie dauerhaft unser Leben bestimmen oder wir sie gar verdrängen? Es können psychosomatische und schlimmstenfalls organische Krankheiten entstehen.

Ob Kinder lernen, Gefühle wahrzunehmen und mit ihnen umzugehen, liegt hauptsächlich an Müttern, Vätern und der Familie. Wie? Indem sie durch ihr eigenes Verhalten Kinder dazu befähigen. Seien Sie sich also Ihrer eigenen Gefühle und der der anderen bewusst. Nur so lernen Kinder für sich selbst, Gefühle klug einzusetzen. Eine Kunst, die jeder erlernen kann – vom ersten Lebenstag an.

Schlauer Umgang mit Gefühlen – so könnte man emotionale Intelligenz übersetzen. Sind wir in der Lage, unsere Gefühle zu erkennen und sie zu verarbeiten? Sind wir offen für die Gefühle unserer Mitmenschen? Fühlen wir uns wohl in unserer Umgebung und in unserer Familie?

Vor allem aber: Wie lassen sich trotz alltäglicher Probleme und oft auch negativer Gefühle Lebenszufriedenheit, positives Denken und inneres Gleichgewicht erreichen?

In diesem Familienratgeber kommen Fachautoren zu Wort, die aus ihrem Erfahrungsschatz als Forscher, Wissenschaftler und Ärzte schöpfen. Zu der Vorbereitung des Buches gehörte auch ein bundesweiter Aufruf an BARMER-Mitglieder, sich mit Zuschriften zu beteiligen. Zahlreiche Zitate, praktische Tipps und anregende Ideen sind nach dem Prinzip »Von Familien für Familien« in das Buch eingeflossen und mit einem grünen Sternchen  hervorgehoben.

Sich einfühlen zu können in die Perspektive der Kinder, sich einlassen zu können auf das eigene Empfinden und vertrauen zu können auf das Zusammenwirken von Gefühl und Verstand – dabei will der Familienratgeber »Kluge Gefühle« helfen.

Nähe, Vertrauen, Zuhören, Trösten, gemeinsam Lachen: Nehmen Sie sich Zeit für Gefühle – für sich und für Ihre Kinder. Genießen Sie den Augenblick!

Ihr
Dr. Eckart Fiedler
Vorstandsvorsitzender der BARMER,
Deutschlands größte Krankenkasse

Ihre
Simone Linden
Geschäftsführerin
Mehr Zeit für Kinder e. V.

Wir danken den Sponsoren FdR – Förderungsgesellschaft der Reformwarenwirtschaft mbH und Märklin für ihre redaktionelle Unterstützung, die zur Finanzierung des Buches beigetragen hat.

Bauch und Kopf:
Fühlen und Denken mit Körper und Geist

von Prof. Dr. Dr. Manfred Spitzer,
Ärztlicher Direktor der Universitätsklinik für Psychiatrie,
Transferzentrum für Neurowissenschaften und Lernen, Ulm

Beim Fühlen und Denken scheint es sich zunächst um einen Gegensatz zu handeln, ebenso wie bei Körper und Geist. Wir werden vom Gefühl übermannt, verhalten uns falsch und bereuen das hinterher. »Meine Gefühle sind mit mir durchgegangen«, sagen wir in solchen Fällen und hätten es lieber gehabt, wenn unser Verstand die »Zügel fest in der Hand« gehalten hätte. Das Gefühl ist der Gegenspieler des Verstandes, so scheint es zumindest. Und wenn wir im Hochsommer an einer Eisbude vorbeilaufen und uns der Verstand sagt, dass wir jetzt lieber kein Eis kaufen sollten, weil wir sonst dick werden könnten, so erscheint hier der Verstand abermals als Gegenspieler des Gefühls. Und weil wir uns daran gewöhnt haben, uns als vernünftige Menschen zu begreifen, gerät das Gefühl gegenüber dem hell leuchtenden Verstand rasch in ein negatives Fahrwasser. Gefühl und Verstand, das ist wie Feuer und Wasser, wie Poesie und Mathematik oder wie Vanilleeis und Sauerkraut.

Übertroffen wird der Gegensatz nur noch von dem zwischen Körper und Geist: zum Anfassen, Beschränkungen unterworfen und vergänglich der eine; ewig, flüchtig und frei der andere. Und wenn wir manchmal davon sprechen, dass unser Kopf das eine und unser Bauch das andere will, dann nehmen wir sogar beide Gegensätze zusammen, haben die Gefühle im Bauch und den Verstand im Kopf und scheinen bis in die tiefsten Abgründe unserer Existenz gespalten.

Aber sind wir das wirklich? Sind Gefühl und Verstand wirklich immer die Gegensätze, für die wir sie halten? Betrachten wir ein Beispiel.

Ein unfaires Angebot

Stellen Sie sich vor, Sie sitzen mit Ihrer Freundin im Café und es kommt jemand an Ihren Tisch, der mit Ihnen beiden ein kleines Spiel machen will, bei dem Sie in einer Minute ein paar Euro verdienen können. Weil Sie gerade knapp bei Kasse sind, kommt Ihnen das gelegen und Ihre Freundin hat auch nichts dagegen, kurz mitzuspielen. Das Spiel geht so: Sie erhalten zusammen von dem Fremden 10 Euro und Ihre Freundin entscheidet, wie das Geld unter Ihnen beiden aufgeteilt wird. Sofern Sie mit der Aufteilung einverstanden sind, können Sie beide das Geld behalten. »O.k.«, sagt Ihre Freundin, »dann machen wir halbe-halbe«, und Sie finden das fair und Sie beide sind je 5 Euro reicher.

Was aber geschieht, wenn Ihre Freundin sagt: »Gut, dann krieg' ich 9 Euro und du einen«? – Ganz offensichtlich aus der Sicht der Freundin ein vernünftiges, aus Ihrer Sicht jedoch ein unfaires Angebot, das Sie ärgert. Dieser Ärger ist viel mehr als die kühl verstandesmäßig berechneten 4 Euro weniger in Ihrer Tasche. Schließlich haben Sie ja noch immer einen Euro mehr als vor einer Minute und könnten sich freuen! Nein, es geht um etwas ganz anderes: Ihre Freundin hat Sie unfair behandelt und das behagt Ihnen nicht. Die Nackenhaare stellen sich Ihnen auf und ein Grimmen im Bauch stellt sich ein. Dieses gefühlte Grimmen führt dazu, dass Sie das unfaire Angebot ablehnen (was Menschen bei der sehr unfairen Aufteilung von 9 zu 1 in mehr als der Hälfte der Fälle tun, wie Experimente ergaben).

Dafür wiederum sollte die Freundin ein »Gefühl« haben, das heißt sie sollte in der Situation spüren, wie Sie sich fühlen. Und das könnte wiederum bei ihr dazu führen, dass sie sich doch für den fairen Vorschlag »halbe-halbe« entscheidet oder ungünstigstenfalls für »7 zu 3«. Diesem Vorschlag wiederum würden Sie vielleicht gerade noch zustimmen, mit einem kleinen Grimmen im Bauch.

Der Bauch im Kopf

Wie wir aus der Gehirnforschung wissen, wird dieses Grimmen im Bauch im Kopf erlebt. Ebenso wie unsere Hände, unser Mund und überhaupt unsere ganze Körperoberfläche im Kopf durch Nervenzellen auf einer Art Landkarte vertreten sind, ist es auch unser Bauch. Und die gleichen kleinen grauen Zellen, die im Kopf für den Bauch stehen und beispielsweise bei Bauchschmerzen aktiv sind, sind es auch bei einem unfairen Angebot. Auch ein Zentrum, das im Kopf die Stärke von Schmerzen anzeigt (nicht deren Ort, sondern eben nur, wie sehr etwas schmerzt), ist bei einem unfairen Angebot aktiv. Es tut also weh!

Schmerzen wiederum sind nicht dafür da, um uns zu quälen, sondern spielen eine wesentliche Rolle bei der Erhaltung unseres Körpers. Wer seine Hand auf die heiße Herdplatte legt und abwartet bis es übel riecht, lebt nicht lange. Sein Körper geht kaputt. Wer jedoch die Hand blitzschnell zurückzieht, bewahrt sie und damit seinen ganzen Körper vor größerem Schaden. Schmerzen sind also wichtig für uns: Sie leiten unser Verhalten und helfen uns automatisch, bei Gefahr das Richtige zu tun.

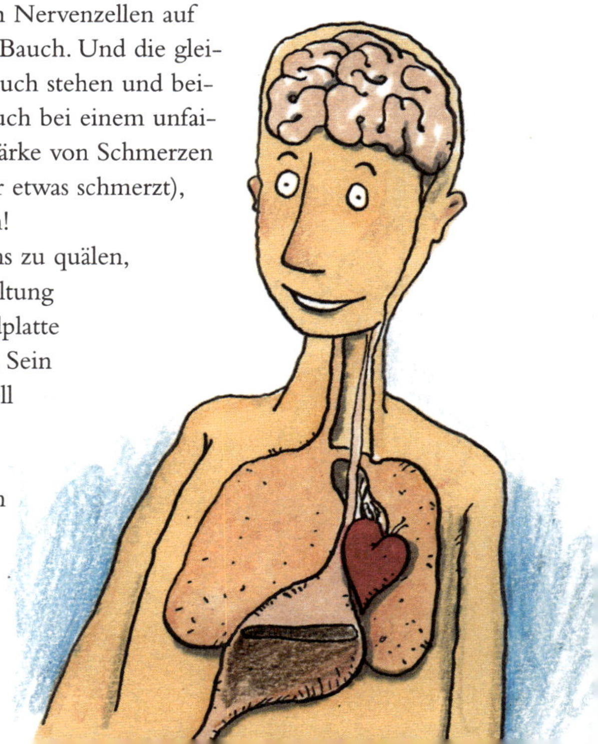

Würde jeder erst überlegen müssen, der eine besser, der andere schlechter, würde unser Zusammenleben längst nicht so reibungslos funktionieren.

Und was bewirkt das Bauchweh bei einem unfairen Angebot?

Wir lehnen es ab und zwingen damit unsere Partner, die ebenso funktionieren wie wir und dies wissen, uns fairer zu behandeln. Wir tun dies ohne lange nachzudenken, einfach so, vollautomatisch, nicht viel anders als beim Wegziehen der Hand von der heißen Platte. Und genau deswegen geschieht dies auch ziemlich zuverlässig. Und darauf wiederum kommt es an. In diesem Beispiel sorgt also ein unbehagliches Gefühl im Bauch dafür, dass wir uns in komplizierten ökonomischen Entscheidungssituationen so einigermaßen richtig verhalten. Das Gefühl hilft dem Verstand.

Die Schlange im Wald

Stellen Sie sich vor, Sie laufen durch den Wald und plötzlich taucht vor Ihnen auf dem Boden ein rundliches, verschlungenes Etwas auf. Noch bevor Sie wissen, was es ist, klopft Ihr Herz, Ihr Blutdruck steigt und Ihre Muskeln spannen sich an. Auch Ihr Geist ändert sich: Waren Sie eben noch locker gestimmt, mit Ihren Gedanken ganz weit weg, bei der Lösung eines Problems, das Ihnen schon lange durch den Kopf geht, so sind Sie jetzt ängstlich angespannt und konzentriert auf dieses Etwas vor Ihnen. Eine Schlange – Gefahr – nichts wie weg – und schon sind Sie über Stock und Stein der Gefahr entkommen. Wer hier lange fackelt, abwägt oder gar kreative Lösungsstrategien entwirft, lebt gefährlich.

Wie wir heute wissen, gibt es in unserem Gehirn ein eigenes kleines Modul (also eine Art Bauteil), das genau diese beschriebene Funktion hat. Man nennt dieses Modul den Mandelkern. Dieser ist eine Ansammlung von Nervenzellen, die tief auf beiden Seiten im Gehirn im Bereich der Schläfe liegen. Im Gegensatz zum Sehsystem, das Signale von den Augen sehr genau und detailreich verarbeitet (»Was genau sehe ich?«, »Welche Farbe hat es?«, »Wie bewegt es sich?«) und dafür einige 100 Millisekunden braucht, arbeitet der Mandelkern ungenau, dafür aber schnell.
Er weiß im Grunde nur: Hier stimmt etwas nicht, hier droht vielleicht Gefahr – programmiert in Windeseile unseren Körper, um damit fertig zu werden: Nicht lange fackeln und rennen oder kämpfen!

Dies war in der Vergangenheit überlebenswichtig. Schließlich lauerten überall Schlangen und Spinnen, Säbelzahntiger oder feindliche Artgenossen. Und bis heute hilft uns der Mandelkern, aus den Gesichtern der Menschen, mit denen wir es zu tun haben, deren Absichten zu entschlüsseln. Erst kürzlich wurde der Fall eines Patienten veröffentlicht, dessen Sehsystem durch zwei Schlaganfälle völlig zerstört worden war. Der Patient war daher blind. Er konnte daher auch Gesichter nicht wahrnehmen, die man ihm auf 200 dargebotenen Fotos zeigte, erspürte jedoch die

Gesichtsausdrücke! Wie Messungen der neuronalen Aktivität in einem so genannten Gehirn-Scanner zeigten, war der Mandelkern des Patienten bei dieser Aufgabe sehr stark aktiviert. Im Mandelkern werden also die Gesichter zwar nicht gesehen, die ausgedrückten Gefühle jedoch werden entschlüsselt. Man braucht nicht viel Phantasie, um sich darüber klar zu werden, wie wichtig diese Fähigkeit für unser Zusammenleben und sogar für unser Überleben ist.

Nebenbei sei erwähnt, dass Patienten mit Erkrankungen des Mandelkerns das umgekehrte Problem haben: Sie können Gesichter und Situationen zwar erkennen, erfassen jedoch nicht deren potenzielle Bedrohungen oder Gefahren.

Im heutigen Leben kann uns der Mandelkern in die Quere kommen: Wer im Rahmen einer Prüfung Angst hat und damit einen aktivierten Mandelkern, bei dem stellen sich nicht nur Herzklopfen, Muskelzittern und Schwitzen ein sowie die Nackenhaare auf; auch der Denkstil des Prüflings ändert sich in Richtung »Kampf oder Flucht« und bewegt sich damit weg vom kreativen Problemlösen. Wenn der Prüfer dann eine Frage stellt, die mehr verlangt als nur das Herunterbeten von auswendig gelernten Fakten, kann die Prüfung sehr unglücklich verlaufen. Was ist zu tun? Kann man hier überhaupt etwas tun? – Darüber später mehr.

Freude, Glück, Neugier, Aufgeschlossenheit und positive Überraschung gehören ebenso zu uns wie Trauer, Angst, Rückzug und Schmerz.

Von der Lust zur Bedeutung

Glücklicherweise (!) haben wir nicht nur negative Emotionen. Was genau die positiven Emotionen bei uns bewirken, wurde erst in der jüngsten Vergangenheit von der Gehirnforschung aufgeklärt. Schon vor Jahrzehnten fand man heraus, dass es bei Ratten ein Lustzentrum gibt, bei dessen Erregung die Tiere alles andere stehen und liegen lassen. Können die Tiere dieses Zentrum bei sich selbst durch Drücken eines Hebels elektrisch stimulieren, tun sie dies immer wieder und verhungern oder verdursten dabei. Wasser oder Nahrung ist ihnen unwichtiger als die Stimulation ihrer Lustzentren. Später wurde entdeckt, dass Rauschdrogen diese Bereiche des Gehirns ebenfalls stimulieren, und so wurde deutlich, warum süchtige Menschen so schwer von ihrer Gewohnheit ablassen können. Warum jedoch sollten Menschen überhaupt ein solches Zentrum haben? Um suchtkrank werden zu können? – Wohl kaum!

Was aber ist dann die normale Funktion dieser Gehirnbereiche?

Wie wir heute wissen, werden die Nervenzellen in diesen Bereichen immer dann aktiv, wenn etwas geschieht, das besser ist als erwartet, wenn wir also positiv überrascht werden. Diese Aktivierung wiederum führt dazu, dass Dopamin ausgeschüttet wird, wir dadurch etwas aufmerksamer werden und uns die Dinge etwas besser als sonst merken können; und sie führt dazu, dass sich Glücksgefühle einstellen, denn im Gehirn werden – auch das bewirkt Dopamin – Stoffe, so genannte endogene Opioide, ausgeschüttet, die wie Opium wirken und in uns ein gutes Gefühl entstehen lassen.

Dopamin erzeugt in unserem Gehirn jedoch nicht nur Glücksgefühle, sondern sorgt auch dafür, dass es besser funktioniert: Wird diese Substanz in unserem Gehirn, vor allem in dem Bereich hinter der Stirn, ausgeschüttet, so stellt sich neben dem positiven Gefühl auch ein besseres Denkvermögen ein: Wir sind in der Lage, mehr Gedanken gleichzeitig im Kopf zu haben, können sie besser hin- und herwenden und sorgen dafür, dass diese Gedanken auch besser im Kopf hängen bleiben. Dopamin ist also für Lernprozesse von entscheidender Bedeutung. Damit ist auch klar: Positive Emotionen sind zum Lernen äußerst wichtig.

Gewiss, man kann auch unter Angst und Schrecken lernen: Wer einmal die Hand auf eine heiße Herdplatte gelegt hat, der wird es nicht wieder tun. Wäre es also nicht besser, immer mit Angst und Furcht zu lernen? Nein! – Dies sei im Folgenden etwas genauer dargestellt.

Kreativität und kognitiver Stil

Kommt der Säbelzahntiger von links, dann renne ich so schnell ich kann nach rechts. Das ist nicht anders als bei der oben erwähnten Schlange. Wer dabei die Situation erst einmal auf sich wirken lässt, lange nachdenkt und Problemlösungsstrategien erwägt, gehörte sicher nicht zu unseren Ahnen. Die Gehirnforschung weiß warum: Wenn Gefahr in Verzug ist, sorgt der Mandelkern in meinem Gehirn dafür, dass Blutdruck, Puls und Muskelspannung steigen, bevor ich weiß, was überhaupt passiert. Im Mandelkern ist nicht viel Feinsinniges gespeichert, seine groben Schablonen melden jedoch sehr schnell, wenn irgendetwas nicht stimmt. Dann wird nicht nur der Körper auf den Modus operandi »Kampf oder Flucht« programmiert, sondern auch der Geist: Der kognitive Stil schaltet um auf »Spule ab, was du gut und automatisch kannst, und denke ja nicht nach«. Angst und Kreativität schließen einander daher aus. Dies ist der Grund, aus dem man beim so genannten »Brainstorming« – eine Methode zur Ideenfindung durch spontan geäußerte Vorschläge in einer Runde mit mehreren Teilnehmern – keine Kritik üben sollte, da diese bei den meisten Menschen Angst auslöst.

Wer sich dagegen gerade wohl fühlt, kann es sich leisten, einmal nach innen zu horchen, also sein geistiges Leben nicht so stark vom Input der Sinne, sondern von früheren Erfahrungen und deren spielerischem Verknüpfen bestimmen zu lassen. Dann besteht die Chance, dass neue Assoziationen entstehen – dass »einem ein Licht aufgeht« oder »der Groschen fällt«. Als britische Wissenschaftler während des Zweiten Weltkrieges in stark ramponierten Labors und ohne Ressourcen arbeiten mussten, machten sie sich damit Mut, dass sie noch immer ihre »3 Bs« hätten – bed, bar, bathroom. Unter der Dusche oder im lockeren Gespräch bei einem Bier oder ganz einfach am Sonntagmorgen im Bett – ohne Druck und Angst haben die meisten Menschen auch heute noch ihre besten Ideen. Wer hier zu viel »optimiert« und diese Zeiten »wegrationalisiert«, um mehr arbeiten zu können, wird langfristig nicht innovativ sein.

Kreative Menschen brauchen nicht nur das richtige Mind-Set, sondern auch eine möglichst breite und tiefe Wissensbasis, damit es tatsächlich etwas zu verknüpfen gibt, wenn Zeit dafür vorhanden ist. Wer nichts weiß, hat auch keine Probleme und kann folglich auch keine lösen. Wie aber kommt das Wissen ins Gehirn? Nicht durch Auswendiglernen, sondern durch aktives Leben und Handeln! Und dieses wiederum ist mindestens so sehr das Produkt unserer Gefühle wie unseres Verstandes.

Frontalhirn an Mandelkern ...

Deren Zusammenspiel ist komplex, kann jedoch mittlerweile durch die modernen Methoden der Gehirnforschung untersucht werden: Wir können kopfgesteuert handeln und willentlich mit Hilfe des Verstandes Gefühlszustände beeinflussen. Es gelingt uns sogar manchmal, uns »im Zaum zu halten« oder uns »zusammenzureißen«, wenn die Umstände es verlangen.

Betrachten wir hierzu erneut ein Beispiel: Männer sahen in einem Gehirnscanner kurze Filmclips, die positive emotionale Inhalte zeigten. Im einen Fall sollten die Probanden der durch die Filme bewirkten Erregung freien Lauf lassen, wohingegen sie sich in der anderen Bedingung von den gesehenen Szenen distanzieren sollten. Subjektive Angaben direkt nach der Untersuchung zeigten, dass diese Aufforderung wirkte: Auf einer Skala von 0 bis 8 (0 = keinerlei emotionale Regung; 8 = die stärkste je erlebte emotionale Regung) beurteilten die Versuchspersonen ihre emotionale Erregung im Mittel mit 5 (Bedingung »sich gehen lassen«) oder mit 2 (Bedingung »Gefühle hemmen«), also signifikant verschieden.

Die Analyse der funktionellen Bilddaten ergab Folgendes: Die emotionalen Filme – betrachtet unter der Bedingung, den Gefühlen ihren

Lauf zu lassen – aktivierten Bereiche des Gehirns, die bekanntermaßen mit Emotionen in Verbindung stehen. Dieses Netzwerk von emotionalen Gehirnzentren steht jedoch ganz offensichtlich seinerseits nochmals unter dem Einfluss des Verstandes: Das Stirnhirn, der Sitz von Planungs-, Kontroll- und Hemmprozessen (man könnte auch sagen: als Sitz des kritischen Verstandes) war in der Bedingung, die Gefühle zu hemmen, aktiv.

In einer weiteren Studie wurde die Fähigkeit zur Unterdrückung von Trauergefühlen untersucht. Wieder dienten Videoclips (von 48 Sekunden Länge mit 15 Sekunden Pause danach) als Stimulationsmaterial und wieder gab es die Bedingungen »den Gefühlen freien Lauf lassen« und »die Gefühle unterdrücken«, deren Effekt nach dem Experiment in der Selbstbeurteilung hoch signifikant ausfiel: Die mittlere Traurigkeit auf einer Skala von 0 bis 8 betrug 5,15 oder 1,85. Wieder zeigten sich die bekannten Areale der Affektverarbeitung in der Bedingung, den Gefühlen ihren Lauf zu lassen. Diese Areale waren in der Bedingung »Gefühle unterdrücken« weniger oder gar nicht aktiviert, wohingegen das Stirnhirn aktiviert war.

Die Untersuchungen sind aus mehreren Gründen bemerkenswert: Zum einen konnten Bereiche des Gehirns in ihrem Zusammenspiel beobachtet werden, die an emotionalen Prozessen und deren bewusster Kontrolle beteiligt sind. Zum anderen wird deutlich, was bei einem Ausfall oder einer Minderfunktion einer dieser Strukturen geschehen würde. »Frontalhirn an Mandelkern: Cool bleiben!« – Vielleicht funktioniert die Emotionsregulation im Normalfall wirklich so ähnlich, und möglicherweise ist genau dieser Mechanismus bei seelischen Erkrankungen gestört.

Wie kann man dafür sorgen, dass man mit den Gefühlen richtig umgeht? Wie kann man diesen Umgang lernen?

Entwicklung, Gefühle und Kreativität

Wenn uns unsere Gefühle leiten und uns oft den richtigen Weg weisen, wenn sie uns jedoch manchmal auch übermannen, was soll man dann am besten tun?

Zunächst einmal ist für den Menschen von großer Bedeutung, dass sich sein Gehirn entwickelt, während er lernt. Bei den meisten Tieren ist das Gehirn zum Zeitpunkt der Geburt oder kurz danach recht vollständig entwickelt, beim Menschen ist das jedoch nicht der Fall. Kleine Kinder sehen etwas und wollen es haben. Dies geschieht reflexartig, ohne jegliche Kontrolle des Verstandes, weil dieser noch nicht entwickelt ist. Damit ist einerseits gemeint, dass das Kind noch nicht gelernt hat, dass man beispielsweise nicht beim Anblick von süßen Sachen immer gleich naschen muss. Es ist auch gemeint, dass das Lernen dieser Einsicht die Reifung bestimmter Gehirnbereiche voraussetzt, die beim Kleinkind noch nicht funktionieren. Das kleine Kind braucht also einerseits Anleitung (»Nein, jetzt sollst du nicht schon wieder etwas Süßes essen«) und andererseits auch im Laufe der Jahre immer wieder Ermunterung, sich richtig zu entscheiden. Auch braucht das Kind die richtigen Vorbilder: Wer im Fernsehen immer wieder sieht, wie sich die schlankesten Models die süßesten Sachen einverleiben, der wird dies auch tun, mit entsprechenden Konsequenzen für die Figur.

Wer lernt, beispielsweise über das Fernsehen jeden Tag mehrere Stunden lang, dass die einzige Möglichkeit zum Lösen von Konflikten in Gewalt besteht, der wird seinem Ärger, seiner Wut und seinem Hass später auch durch Gewalt freien Lauf lassen. Ein 18-Jähriger in den USA hat im Mittel 13.000 Stunden in der Schule verbracht und 25.000 Stunden vor dem Fernseher, hat dabei 32.000 Morde gesehen und 200.000 Gewalttaten. Die Statistik der dabei gezeigten Gewalttaten ist folgende: In gerade einmal 4 Prozent der Fälle werden gewaltfreie Konfliktlösungsmöglichkeiten angesprochen, in mehr als der Hälfte der Fälle tut Gewalt nicht weh (man lacht dabei) und in über 70 Prozent der Fälle kommt der Gewalttäter ungestraft davon. Welche Regeln werden die Gehirne von Kindern und Jugendlichen aus dem medialen Input, mit dem wir sie zwei bis drei Stunden täglich versorgen, also ziehen? – Es gibt erstens viel Gewalt in der Welt, zweitens keine Alternative dazu; drittens tut sie nicht weh und viertens kommt der Gewalttäter ungeschoren davon!

Wer jedoch durch die richtigen Beispiele gelernt hat, seine Gefühle im Zaum zu halten, sich zu beherrschen, nicht draufzuschlagen, sondern Konflikte durch Argumente zu lösen, der wird dies später auch tun. »Emotionale Intelligenz« ist damit vor allem das Produkt von Lernprozessen und diese wiederum gestalten wir selbst. Es liegt an uns, unseren Kindern die Umgebung zu geben, die sie brauchen, um den richtigen Umgang mit ihren Gefühlen zu lernen. Die richtigen Vorbilder sind hierfür das A und O.

Wir konnten in unseren Labors durch mehrere Untersuchungen nachweisen, dass ganz neutrale Gedächtnisinhalte, je nachdem unter welcher Emotion sie gelernt werden, in anderen Bereichen des Gehirns abgespeichert werden: Wer beim Lernen die Dinge mit Angst in Verbindung bringt (weil er beispielsweise durch Lehrer oder Eltern bedroht oder eingeschüchtert wird), der wird sich die Dinge möglicherweise merken, speichert jedoch das Angstgefühl mit ab. Beim Wiedererinnern dieser Inhalte wird daher das Angstgefühl auch mit erinnert, mit all den Konsequenzen im Hinblick auf die Verhinderung von Kreativität. Wer mit Angst lernt, der kann sich also später möglicherweise tatsächlich an das Gelernte erinnern, kann es jedoch nicht zum kreativen Lösen seiner Probleme einsetzen.

Wie die Welt in 30 Jahren aussieht, weiß niemand. Wenn wir schon nicht wissen, welche Einzelheiten Kinder und Jugendliche heute lernen müssen, um später ihr Leben zu meistern, so wissen wir doch Folgendes: Was immer wir ihnen beibringen, um sie hierzu zu befähigen, sollte beim Herausholen aus dem Gedächtnis in ferner Zukunft auf jeden Fall eines nicht tun: Angst produzieren. Denn wenn das Gelernte beim Abruf Angst produziert, dient es dem Problemlösen nicht. Daraus folgt unmittelbar: Was immer heute gelernt wird, sollte in einer positiven Atmosphäre gelernt werden. Hiermit ist keine »Kuschelpädagogik« gemeint, sondern Wertschätzung, positive Atmosphäre sowie ein Klima von Vertrauen.

Wenn eine Laus über die Leber läuft ...

von Barbara Esch, Leitende Oberärztin der Klinik für Psychosomatische Medizin und Psychotherapie am Diakonie-Krankenhaus Schwäbisch Hall

Wer kennt nicht die Redewendungen, die seelischen Schmerz einzelnen Körperregionen oder Organen zuordnen oder »zu-orten«: »Ihm ist eine Laus über die Leber gelaufen, mir geht etwas an die Nieren, er trägt schwer und bricht sich noch das Kreuz, sie hat etwas auf dem Herzen, die Sache liegt mir schwer im Magen, ihm geht die Galle über, ihr wächst alles über den Kopf. Wie gut tut es dann, ohne größere Hemmungen und ohne Scheu freiweg von der Leber zu reden. Dann schlägt mir das Herz bis zum Hals oder es wird mir ganz warm ums Herz.«

In solchen Redewendungen ist das in Bildern ausgedrückt und in Sprache gebracht, was Menschen früher gedacht, gefühlt oder erkannt haben. Die Redewendungen und Metaphern stammen aus einer Zeit, in der die Funktion der inneren Organe noch nicht mit Begriffen aus der Technik – wie die Leber als Kraftwérk oder: Das Herz ist eine Pumpe – gleichgesetzt wurde. Neben unserem heutigen, häufig bis ins Detail spezialisierten Wissen in der Medizin gerät uns manchmal der beseelte Körper, der Leib, allzu leicht aus dem Blick.

Von Funktionsstörungen und Organschäden

Die Seele findet in einem psychosomatischen Symptom oder in einer psychosomatischen Krankheit für das einen bildlichen oder symbolischen Ausdruck, was mit Worten nicht gesagt werden kann. Sie erfährt dadurch eine vorübergehende Entlastung vor der Überflutung mit Gefühlen und nicht zu bewältigenden Konflikten, vor »verbotenen« Phantasien und verborgenen Wünschen ebenso wie vor dem unerträglichen Schmerz erlittener Verwundungen. So entstehen Krankheiten, die nicht gleich eine Schädigung des Körpers bewirken müssen, sondern sich zunächst als Funktionsstörungen oder Schmerz zeigen können. Wenn innerlich belastende Zustände nicht beseitigt werden können, kommt es zu einer Daueranspannung der Seele. Diese Anspannung geht oft mit körperlichen Begleiterscheinungen einher und klingt in dem Maße ab, wie auch die psychische Beanspruchung nachlässt. Bleibt die innere Anspannung aber weiter erhalten und bleiben die körperlich-vegetativen Antworten bestehen, kann es zu irreversiblen Organschädigungen kommen.

Psychosomatische Störungen haben verschiedene Gesichter

Bei psychosomatischen Erkrankungen unterscheidet man mit Blick auf die körperliche Symptomatik grob zwischen Krankheiten, die sich nicht durch organisch-körperliche Veränderungen zeigen, sondern in seelischen Symptomen wie Ängsten oder in vegetativen Funktionsstörungen wie Herzrasen. Daneben gibt es Erkrankungen, bei denen es auch zu einem körperlichen Schaden gekommen ist (»eigentliche« psychosomatische Krankheiten). In der Psychosomatik wird versucht, die komplexen Zusammenhänge und Wechselwirkungen zwischen körperlichen und seelischen Geschehnissen zu erfassen. Zusätzlich werden soziale Einwirkungen und Komplikationen und psychologische Hintergründe – wie die eigenen Bewältigungsstrategien – berücksichtigt. Nach Monaten oder Jahren lässt sich oft nicht mehr zwischen Ursache und Wirkung unterscheiden und was zuerst war. Es entsteht ein Teufelskreis: So haben ängstliche Kinder leicht Bauchschmerzen und dann wieder Angst, erneut Bauchweh zu bekommen. Ursache sind Ängste und Konflikte, die nicht gelöst werden können.

Kinder sind nicht einfach »kleine Erwachsene«; sie entwickeln ihre geistigen, sozialen und emotionalen Fähigkeiten ständig weiter und machen Phasen durch, in denen sie durch äußere Ereignisse besonders verwundbar sind.

Der Verdacht auf eine wesentliche psychische Beteiligung bei einer körperlichen Erkrankung von Kindern und Jugendlichen liegt vor:

- bei psychosomatischen Erkrankungen wie Regulations- und Anpassungsstörungen in der frühen Kindheit (Schrei-/Schlaf-/Fütter- und Gedeihstörungen); nächtliches Einnässen über das 5. Lebensjahr hinaus; Tic-Störungen; Aufmerksamkeitsdefizit- und Hyperaktivitätsstörung (ADHS); Essstörungen
- wenn zusätzlich oder überwiegend Niedergeschlagenheit, Angst, Depression oder Zwänge bestehen
- bei funktionellen Störungen, die sich beispielsweise als Kopfschmerzen, dem Gefühl »einen Kloß im Hals zu haben« und Bauchschmerzen äußern
- wenn wiederholt keine körperliche Störung gefunden werden kann
- wenn Konflikte offensichtlich sind und benannt werden können oder
- wenn die Symptome in Zeiten erhöhter äußerer Belastungen auftreten, die höhere Anforderungen an Anpassung und Reifung stellen wie: Partnerschaftskonflikte oder Trennung der Eltern, lange Trennungen von der Hauptbezugsperson in der frühen Kindheit, Probleme in Kindergarten oder Schule, Geburt weiterer Geschwisterkinder, Konflikte zwischen Eltern und Kind, Pubertät, Berufsantritt, -änderung, Arbeitslosigkeit, Todesfälle.

Bei anhaltendem Stress erzeugt das vegetative Nervensystem Beschwerden wie Schwindel, Schmerzen, Verspannungen, Übelkeit, Magendruck, Schwäche oder Ohrenrauschen. Meist liegt dabei kein körperlicher Schaden vor.

Insbesondere bei Menschen, die ihre Gefühle nicht zur Sprache bringen können, wirkt sich Dauerstress negativ aus. Diese Menschen »fressen« negative, mit dem Stresserleben verbundene Gefühle in sich hinein. Deshalb ist es wichtig, dass Kinder schon früh aufmerksame Gesprächspartner haben, die ihnen aktiv zuhören und die sie dabei unterstützen, von ihren Erlebnissen zu berichten und dabei lernen, ihre Gefühle auszudrücken.

Erklärungsmodelle für die Entstehung von psychosomatischen Krankheiten

Stress ist zu einem Modewort geworden. Meistens meinen wir äußere Ereignisse und Lebensbelastungen (Stress) oder innere Konflikte, Befürchtungen und belastende Vorstellungen (Strain).

Reaktionen des Körpers auf Stress

Stressreaktionen werden beim Menschen über die Nervenbahnen und Hormone des vegetativen Nervensystems ohne willentliche Beeinflussung auf den Körper übertragen. Das vegetative Nervensystem reguliert die Funktion der meisten Organe im Körper, indem es die Anspannung der Muskeln, die Rhythmen, die Sekretion von Drüsen und die Durchblutung der Organe an die jeweiligen Bedürfnisse anpasst. Demgegenüber ist das somatische Nervensystem, das die Skelettmuskeln, die Oberflächensensibilität und die Sinnesorgane anregt, auf die Außenwelt gerichtet. Es kann willentlich beeinflusst werden. Im Gehirn sind das vegetative und das somatische Nervensystem auf komplexe Weise miteinander »verschaltet«.

Nach dieser Auffassung wirken Gefühle unmittelbar lähmend oder auch anspornend auf unser Verhalten und Handeln. Jeder weiß, wie leicht etwas fällt, wenn wir etwas mit Freude beginnen. Angst hingegen – beispielsweise vor einer Prüfung – oder Trauer hemmen und lähmen uns. Andererseits lassen sich Gefühle und auch das Immunsystem durch körperliche Aktivität beeinflussen: Durch die Bewegung kommt der Kreislauf in Schwung und im Gehirn werden verschiedene Areale auf komplexe Weise aktiviert. Angst verschwindet oft, wenn der Puls sich durch körperliche Aktivität erhöht. Bei längerer körperlicher Bewegung wie beim Wandern oder Joggen kommt es zum Anstieg so genannter »Glückshormone«, der Endorphine, die wiederum die Stimmung aufhellen.

Wie Tiere und in begrenztem Maße auch Pflanzen sind wir Menschen in der Lage, aktiv auf Stress zu reagieren. Dabei wird zwischen sinnvollen in Phasen verlaufenden Reaktionen auf kurzzeitigen Stress (Notfallreaktion) und schleichenden Veränderungen durch Dauerstress unterschieden, die für die Entstehung von psychosomatischen Erkrankungen verantwortlich gemacht werden. Kurz andauernder Stress führt in der Regel nicht zu einem bleibenden Körperschaden. Dauerstress hingegen verändert zahlreiche physiologische und psychologische Merkmale des Menschen auf negative Weise.

Die Notfallreaktion

Der Sympathikusnerv zieht durch den Teil im Gehirn (Hypothalamus), in dem Gefühle wahrgenommen werden, und verbindet diese Region mit einer Vielzahl von inneren Organen. Wahrgenommene Gefühle beeinflussen so die Organfunktionen. Bei akutem Stress löst der Sympathikusnerv eine rasche Freisetzung von Adrenalin aus dem Nebennierenmark aus. Adrenalin bewirkt, dass Energie und Aktivität bereitgestellt werden, um rasch auf eine Gefahr reagieren zu können.

Reaktionen auf Dauerstress

Über Hypothalamus und Hirnanhangdrüse vermittelt, kommt es zu einer vermehrten Produktion von Kortisol in der Nebennierenrinde, das eine Energie freisetzende Wirkung über eine Erhöhung des Blutzuckerspiegels, eine Verringerung der Leukozyten im Blut und eine Schrumpfung der lymphbildenden Organe (Milz, Lymphknoten, Thymus) bewirkt. Eine Erhöhung des Kortisolspiegels führt über einen längeren Zeitraum zu einer Schwächung der Immunabwehr und zu einer erhöhten Anfälligkeit für Depressionen, Infektions- und Autoimmunkrankheiten und wahrscheinlich auch für Krebs.

Auch körperliche Krankheiten können im Gehirn Stress auslösen, beispielsweise eine Grippe. Es entstehen Krankheitssymptome wie Fieber, Müdigkeit, Lustlosigkeit, Appetitmangel, die sinnvollerweise zu einer Schonung der Körperkräfte beitragen. Im Anschluss an eine Grippe ist die Abwehr häufig geschwächt und Depressionen können sich leichter entwickeln.

Psychischer Stress kann Fieber auslösen, anfällig machen für Grippe, Halsentzündungen und Ekzeme. Das Gehirn kann nicht zwischen anhaltenden Stresssymptomen und einer körperlichen Krankheit unterscheiden und beginnt, die Kortisolausschüttung in der Nebenniere anzuregen, sozusagen als Versuch, eine körperliche Krankheit selbst zu heilen. Allerdings wird dadurch die Erkrankung nicht gelindert, sondern die Immunabwehr geschwächt, was die Entstehung weiterer organischer Erkrankungen begünstigt.

Jeder Mensch hat individuelle »Schwachstellen«, reagiert auf äußere Ereignisse und Stress unterschiedlich, je nachdem, was jeder einzelne zuvor schon erlebt hat und wie wir gelernt haben, auf unsere Gefühle zu achten, sie in einem geeigneten Rahmen auszudrücken; ob wir uns zutrauen, die Anforderungen unseres Alltags zu meistern, und ob wir ein sinnerfülltes Leben führen. Der beste und natürlichste Ort, dies zu lernen, ist die Familie. Die Erziehung prägt die Kinder; was die Eltern vorleben, ist oft noch wirksamer.

Nicht jede Form von Stress macht krank

Es kommt darauf an, ob wir in der Lage sind, den Anforderungen unserer Umwelt wirkungsvoll zu begegnen. Dazu kann es hilfreich sein, seine innerseelischen Konflikte und allgemeine Bewältigungsstrategien für Stress zu kennen. Außerdem ist wichtig, wie wir das Ausmaß der körperlichen Beeinträchtigung durch emotionalen Stress bewerten. Wer einen hohen Berg erklimmen möchte, wird mit Anstrengungen rechnen und die körperlichen Beeinträchtigungen eher hinnehmen als jemand, der sich wie ein Esel vor einen Karren gespannt fühlt und diesen in eine Richtung ziehen muss, in die er gar nicht möchte. Hilfreich wirkt sich auch konkrete Unterstützung durch Angehörige und Freunde aus oder wenn wir uns an eine früher erlebte Unterstützung durch Angehörige erinnern. Dies schafft die nötige innere Ruhe und Gelassenheit, mit der wir neuen schwierigen Situationen begegnen können. Wohlbefinden, das Gefühl, vom anderen angenommen zu sein, und innere Gelassenheit bewirken auf neurobiologischer Ebene eine Normalisierung der Kortisolausschüttung.

Der Mediziner Prof. Dr. Hans Selye, der als Vater der Stressforschung gilt, unterschied zwischen überlastendem, schädlichem Stress, den er Disstress nannte, und als Herausforderung erlebtem Stress (Eustress). Disstress entsteht bei dauerndem Druck durch zu hohe Anforderungen oder durch Konflikte, bei Zeitnot, in einer ausweglosen Situation oder wenn übermäßige Forderungen mit Kritik oder mangelnder Anerkennung verbunden sind. Er führt zu einer erheblichen Belastung des Organismus. Eustress dagegen, der beispielsweise bei Sport und Abenteuer auftritt, wird durch den Kick der Stresshormone als anregend und stimulierend erlebt.

Es gibt Menschen und Kulturen, die üben, Leib und Seele voneinander zu trennen oder Schmerzen auszuhalten, ohne zu leiden, wie ein Fakir, der auf glühender Kohle geht, ohne den Schmerz zu empfinden. Manche Menschen zeigen ausgeprägte psycho-physische Stressreaktionen beispielsweise im Herz-Kreislauf-System, obwohl sie sich subjektiv erstaunlich wenig beeinflusst erleben, im Gegensatz zu höchst ängstlichen Menschen, die sich sowohl körperlich als auch seelisch stark beeinflusst fühlen.

Seelische Symptome und Konflikte

Eine Erklärung für die Entstehung und Aufrechterhaltung von psychosomatischen Krankheiten liefern die psychoanalytischen Theorien und die aus ihnen heraus weiterentwickelten Konzepte. Symptome wie vermehrte Traurigkeit oder andauernde Ängstlichkeit, Übergenauigkeit oder verstärkter Geltungsdrang haben ihren Ursprung vermutlich in den ersten Lebensjahren. Solche Symptome können sich bis in das Erwachsenenleben fortsetzen.

Mit Konflikten im psychoanalytischen Sinn sind sich im Gegensatz befindende innere Empfindungen und Wertvorstellungen gemeint, die miteinander ringen und zu keiner Lösung oder annehmbaren Entscheidung finden. Es gibt wiederkehrende oder für einzelne Lebensphasen typische Konflikte, wie Nähe-/Distanz- und Ablösekonflikte, Selbstwertkonflikte, Autonomiekonflikte, Identitätskonflikte, Trennungskonflikte, Schuldkonflikte, Trauer- und Sinnkrisen. Anhaltende oder schwerwiegende ungelöste innere Konflikte können zu einem krankmachenden Stressfaktor werden und zur Entstehung und Aufrechterhaltung von psychosomatischen Krankheiten beitragen.

Zeigen Sie den Kindern, dass Sie ein wirkliches Interesse an ihnen haben, und helfen und unterstützen Sie sie bei dem, was sie noch nicht können. Lob sollte sich auf die Aktivität beziehen und nicht inflationär oft gebraucht werden. Zeigen Sie, dass Sie das, was Ihr Kind bastelt, malt oder vorsingt, schätzen, denn Kinder identifizieren sich stark mit dem, was sie hervorbringen und tun. So schaffen Sie Beziehungserfahrungen, die auch die Stürme der Pubertät gut überdauern.

Die Familie ist innerlich immer dabei

Die Beziehungserfahrungen mit nahen Angehörigen werden von Kindern schon früh verinnerlicht. Vereinfacht lässt sich sagen, dass wir uns zunächst so weiter verhalten und selbst behandeln, wie wir es in den ersten Jahren der Kindheit erlebt haben. So baut sich – wieder stark vereinfacht – aus negativen Beziehungserfahrungen ein von Selbstzweifeln und Selbstunsicherheit geprägtes Selbstbild auf. Durch positive Beziehungserfahrungen dagegen entsteht ein Selbstbild mit Selbstvertrauen, Optimismus und vielen anderen Ressourcen.

Noch bevor Kinder sprechen und denken können, erfassen sie die Art und die »innere Ordnung« ihrer nahen Angehörigen, einschließlich des Selbstwert-Erlebens. Sie bleiben dabei mit der nächsten Bezugsperson seelisch eng verbunden und »leihen« dieses Modell aus, so lange bis sich eine eigene innerseelische Struktur entwickelt hat. Kinder identifizieren sich zudem mit den nahen Bezugspersonen, das heißt sie wollen so sein wie die Eltern. Dadurch, dass die Eltern in der Erziehung den Kindern sagen, was gut ist und was nicht, verinnerlichen Kinder zudem Regeln und Moralvorstellungen. Diese Prozesse verleihen dem Kind Sicherheit, das Gefühl der Zugehörigkeit und Identität und helfen ihm, in das Wertesystem und in die Denkstrukturen der Familie und der Kultur hineinzuwachsen. Dieses von den Eltern den Kindern mitgegebene »Gepäck«

wird in der weiteren Kindheit in Frage gestellt, in einem turbulenten Umwandlunsprozess in der Pubertät »eingeschmolzen« und neu gepackt.

Positive Beziehungserfahrungen entstehen in der Kindheit durch Erlebnisse und Unternehmungen, durch Spielen, körperliche Aktivität, Abenteuer und Erfahrungen, die wir gemeinsam mit den Eltern gemacht haben. Das Gefühl, selbst Akteur gewesen zu sein, etwas mit »Leib und Seele« erlebt zu haben, und die Gewissheit, wenn ich selbst nicht weiterweiß, erfahre ich Unterstützung, prägen sich ein und sind lebenslang von Bedeutung.

Frühe Lernerfahrungen setzen sich fort

Lernprozesse spielen bei der Entstehung und beim Fortbestehen psychischer Schwierigkeiten eine wichtige Rolle. Danach wird die individuelle Geschichte als Lerngeschichte betrachtet. Psychische Störungen sind erlernte fehl-angepasste Verhaltensweisen, psychosomatische Störungen fehl-gelernte Stressverarbeitung.

Wir gestalten unseren Körper, bauen ihn auf, üben auf ihm wie auf einem Instrument, bringen ihn zum Erklingen oder vernachlässigen ihn. Und die Kraft, die es manchmal braucht, den Körper wieder umzugewöhnen, »umzustimmen« oder neu zu erziehen, ist mitunter enorm. Raucher, die von der Zigarette lassen konnten, können das bestätigen. Es wird sich aber wieder ein neues Gleichgewicht einstellen, wenn wir es nur richtig angehen.

So wie wir mit dem Körper umgehen, wie wir ihn bilden und erziehen, so reagiert er auch weiter. Wie ein Rad, das einmal läuft, oder ein Tischtennisball, der einmal angestoßen wird und den Drall in sich aufnimmt und sich weiterhin in der gleichen Weise dreht, so tragen wir in uns die Anregungen aus der Kindheit mit – wie leibgewordene Erinnerungen, die guten und die schlechten.

Wenn seelischer Schmerz körperlich spürbar ist

Psychosomatische Konzepte gehen davon aus, dass seelische Schmerzen für die Seele unzugänglich oder »unbewusst« werden können. Wahrnehmbar bleiben die körperlichen Begleiterscheinungen heftiger Gefühle, die uns wie primär körperliche Symptome erscheinen. Im körperlich erscheinenden Symptom sind seelische Schmerzen oft über lange Zeit scheinbar »gut aufgehoben«, da körperlicher Schmerz zumeist leichter zu ertragen und als Leiden anerkannter ist als seelisches Leid. In der Behandlung oder auch spontan kann der Körperschmerz wieder überflüssig gemacht und »befreit«, in seelisch erfahrbares und darstellbares Leid »zurückverwandelt« werden, das dann als seelisches Symptom – wie Angst oder Depression – wieder erscheint. Die Psychosomatiker sprechen von Somatisierung und Desomatisierung für den umgekehrten Prozess.

Körper und Seele sind untrennbar miteinander verwoben. Anlage und Umwelteinflüsse, belastende Lebensereignisse und die Art, wie wir diese verarbeiten, spielen ineinander und führen bei Anspannung dazu, dass körperliche Symptome als Ausdruck seelischer Not entstehen. Je nach individuellen Schwachstellen (Disposition) und abhängig von biologischen Faktoren – wie Immunsystem oder Neurotransmitter – entstehen individuelle Symptommuster.

Bei der Entstehung von psychosomatischen Krankheiten sind folgende Faktoren in unterschiedlicher Gewichtung von Bedeutung:

- Disposition (individuelle »Schwachstellen«)
- biologische Faktoren (Immunsystem, Neurotransmitter)
- Persönlichkeit (wie übermäßige Ängstlichkeit, Gewissenhaftigkeit)
- Lebensgeschichte (beispielsweise frühere Traumata)
- Auslösesituation (häufig Streit, Enttäuschung, Trennung)
- Bewältigungsmuster (zum Beispiel Vermeidung, Absicherung)
- Ressourcen (hilfreiche Kräfte)
- familiärer und sozialer Kontext.

Die Entstehung psychosomatischer Krankheiten kann wie bei vielen anderen Krankheiten durch Prophylaxe verhindert oder der Verlauf günstig beeinflusst werden. Wie das Zähneputzen zweimal täglich hilft, Karies zu vermeiden, kann das »Seeleputzen« dazu beitragen, gesund zu bleiben oder leichter wieder gesund zu werden.

Wie können Eltern Kindern helfen, Alltagsstress zu bewältigen?

Nehmen Sie sich so oft es geht Zeit, mit Ihren Kindern zu spielen, zu malen, zu sprechen und gemeinsam zu singen. Schaffen Sie Situationen, in denen Sie jedem Kind aufmerksam zuhören (der Fernseher und andere »Störquellen« bleiben natürlich dabei ausgeschaltet). Ob Sie aufmerksam sind, merken Sie daran, dass sich vor Ihrem inneren Auge Bilder zu dem

Kindern gelingt es leichter, Anstrengungen auf sich zu nehmen, wenn sie verstehen, welcher Sinn sich dahinter verbirgt, wenn sie bei den Eltern erleben, dass diese sich an einem sinnvollen Ziel orientieren und um das Ziel zu erreichen auch Anstrengungen in Kauf nehmen. Das Vorbild, das die Eltern geben, wirkt am stärksten, weil die Kinder sich weiterhin mit den Eltern identifizieren.

Gehörten entwickeln. Sie helfen Ihrem Kind dabei, seine Gefühle zu verarbeiten, wenn Sie Interesse daran zeigen, was Ihr Kind bewegt. Gefühle, die frei ausgedrückt werden können, liegen dem Kind dann weniger schwer im Magen und es lernt, weil ihm zugehört wird, auch anderen zuzuhören. Lassen Sie das Kind erzählen, was es am Tage erlebt hat, oder tragen Sie gemeinsam die Ereignisse zusammen. Bauen Sie das Geschehene in die Gutenacht-Geschichte ein. Fragen Sie auch gezielt nach, was dem Kind Angst macht oder es ärgert, und überlegen Sie gemeinsam nach anderen Lösungen oder spielen Sie mit dem Kind andere Lösungen durch. Lesen Sie Ihrem Kind regelmäßig in gemütlicher Atmosphäre etwas vor und regen Sie es an, selbst interessante Bücher zu lesen. Dann überträgt sich auch das Gefühl der sicheren Atmosphäre auf die Situationen, in denen das Kind für sich selbst liest. Kinder entwickeln so Phantasie und eigene innere Bilder, die sie immer besser in Worte fassen können. Kinder, die ihre Gefühle gut in Worte fassen können, gebrauchen weniger oft ihre Fäuste und sind weniger anfällig für psychosomatische Beschwerden.

Kräfte, die uns gesund erhalten

Wir sind zum Glück mit einer Reihe von gesund erhaltenden Mechanismen und Kräften ausgestattet, die uns widerstandsfähig machen, die aber erst einmal entwickelt und gefördert oder – im Falle der Krankheit – neu geweckt werden müssen. Dem amerikanischen Medizinsoziologen Aaron Antonovsky zufolge ist das Wichtigste für die Entstehung und Erhaltung von Gesundheit ein gut ausgebildetes Kohärenzgefühl, das sich durch den Einfluss von äußeren und sozialen Faktoren innerhalb der ersten 25 Lebensjahre entwickelt. Das Wort Kohärenz stammt aus dem Lateinischen und bedeutet so viel wie Zusammenhang, zusammenhalten, aber auch inneren und äußeren Halt haben. Dazu gehört das Grundgefühl, innerlich nicht zu zerbrechen, und die Sicherheit, durch die Menschen in meiner Umgebung Unterstützung und Halt zu finden.

Wie können Eltern die gesunde Entwicklung der Kinder unterstützen?

Kinder brauchen je nach Temperament und Charakter des Kindes und je nach Alter und Entwicklungsstand etwas anderes. Daher hier nur einige sinnvolle Anregungen:

- Befolgen Sie nicht zu viele Ratschläge, die Sie neu verunsichern. Lassen Sie sich kein schlechtes Gewissen einreden. Versuchen Sie Schwierigkeiten, die auftreten, sachlich einzuschätzen. Spüren Sie, was Ihnen gut tut, was Ihnen Halt gibt, auch inneren Zusammenhalt. Überlegen Sie, was in Ihrem Leben zu Sicherheit und Gelassenheit beiträgt, und sprechen Sie in der Familie darüber. Schaffen Sie sich und ihrem Kind Inseln der Erholung und Entlastung. Stärken Sie auch Ihre eigenen Ressourcen. Behalten Sie als Erwachsene den Überblick und entlasten Sie Ihr Kind, wenn es übermäßigem Stress ausgesetzt ist.

◆ Ermöglichen Sie Ihrem Kind, mit anderen Kindern zu spielen. Dabei verarbeitet es, was es erlebt hat, setzt um, was es beschäftigt, und macht neue Erfahrungen. Erfahrungen, bei denen das Kind etwas erlebt, helfen ihm dabei, schwierige Gefühle wie Angst oder Wut und innere Konflikte entwicklungsgerecht zu »verdauen« und auszudrücken. Lassen Sie dem Kind genügend Zeit, eigene Ideen zu entwickeln.

◆ Ermöglichen Sie es Kindern, sich zu verkleiden, zu malen oder zu basteln, wenn sie daran Freude haben. Greifen Sie nicht korrigierend oder mit Negativzensuren in die Gestaltungen ein, sondern achten Sie, was das Kind gestaltet hat, indem Sie beispielsweise die gemalten Bilder gut sichtbar aufhängen.

Ermöglichen Sie Ihrem Kind Freiräume, seinen Gefühlen Ausdruck zu verleihen.

◆ Trimmen Sie Ihre Kinder nicht einseitig auf Leistung, vor allem, wenn das Kind selbst kein Interesse daran zeigt. Verplanen Sie den Alltag des Kindes nicht vollständig, sondern lassen Sie Freiräume für spontane gemeinsame Unternehmungen und Begegnungen. Kindgerechte Erfahrungen sprechen mehrere Sinne gleichzeitig an und sind durch Fernsehen oder Computer nicht zu ersetzen.

◆ Die Geburt und Erziehung eines Kindes regt dazu an, über die eigene Kindheit, Erziehung und die Auswirkungen nachzudenken. Reflektieren Sie hin und wieder die Beziehungen zu Ihren Eltern und Geschwistern. Bürden Sie Ihren Kindern nicht auf, was Sie selbst nicht gemocht haben, aber kehren Sie es auch nicht einfach alles ins Gegenteil um. Belasten Sie Ihr Kind nicht mit dem Streit oder den Problemen der Erwachsenen, aber versuchen Sie auch nicht, so zu tun, als gäbe es sie nicht.

Das tut uns gut

Durch gesunde Ernährung, ausreichend viel Bewegung oder Sport, mit einer positiven inneren Einstellung und Haltung zum Leben, mit Gelassenheit und Zuversicht können wir unserer Gesundheit und auch unserem Kranksein begegnen. Gut ist dann, wenn wir damit nicht alleine sind, sondern uns auf die tatkräftige Unterstützung anderer Menschen verlassen können; wie auf die Mutter, die uns, wenn wir als Kind krank waren, das Kopfkissen ausschüttelte oder einen heißen Tee ans Bett brachte, die uns etwas vorlas, um uns die Zeit des Krankseins zu verkürzen. Solche Erfahrungen sind wichtig für das ganze Leben. Durch eine solche Unterstützung wird ein Stein ins Rollen gebracht, so fühlen wir uns umhegt und getragen, auch wenn solche Erfahrungen Jahrzehnte zurückliegen.

Wie Eltern Kinder stärken können:

Förderung von Selbsteinschätzung und Widerstandsfähigkeit

von Prof. Dr. Dr. Dr. Wassilios E. Fthenakis, Direktor des Staatsinstituts für Frühpädagogik in München, Professor für Entwicklungspsychologie und Anthropologie an der Freien Universität Bozen / Fakultät für Bildungswissenschaften

Die Bedeutung der Selbsteinschätzung

Erfolgreiche Menschen zeichnen sich durch ein gemeinsames Charakteristikum aus: Sie sind äußerst produktiv, tragen in bedeutendem Maße zu ihrer eigenen Entwicklung sowie zur Entwicklung ihrer Gesellschaft bei. Sie haben eine hohe Selbsteinschätzung, sind verantwortungsbewusst, kontrolliert, ausdauernd, haben ein gutes Vorstellungsvermögen und sind gut in der Suche nach Problemlösungen. Zudem gehen sie ein auf die Bedürfnisse anderer Menschen. Grundlage für den Erfolg sind eine positive Selbsteinschätzung und die Fähigkeit, mit Veränderungen und besonderen Anforderungen effektiv umzugehen.

Menschen mit positiver Selbsteinschätzung schätzen ihre Stärken und Schwächen realistisch ein und sehen keinen Grund, sich ständig mit anderen zu vergleichen oder deren Erfolg zu schmälern.

Körpersprache und Verhalten sind Möglichkeiten, den Grad an positiver Selbsteinschätzung zu erkennen: Aufrechte Körperhaltung, Augenkontakt bei Gesprächen und häufiges Lächeln sind typische Kennzeichen. Menschen mit positiver Selbsteinschätzung vertreten ihre Meinung in höflicher, angemessener Form und suchen sich Möglichkeiten zu ihrer eigenen Weiterentwicklung. Der Erfolg anderer Menschen verunsichert sie nicht.

Bei Kindern zeigt sich ein niedriger Grad an Selbsteinschätzung zum Beispiel durch Unsicherheit. Das Kind ist neidisch auf die Leistungen anderer Kinder, selbstzentriert und stark abhängig von den Ansichten und Meinungen Erwachsener. Es gibt bei Enttäuschung eher auf, ist weniger ausdauernd und leichter zu frustrieren. Kinder mit einer positiven Selbsteinschätzung sind dagegen viel ausdauernder und nicht neidisch auf den Erfolg oder den Leistungsgrad anderer Kinder. Sie sind stärker selbst motiviert, selbstsicher, ausdauernd, verantwortungsbewusst und weisen eine positive Einstellung bezüglich Fehlern auf. Daher sind sie in der Lage, ihre Energie ohne Ablenkung auf selbst gesteckte Ziele auszurichten und diese zu erreichen. Ebenso fallen die Rückmeldungen der Gleichaltrigen weitaus positiver aus. Die Kinder freuen sich über ihre allgemeine Beliebtheit, was natürlich zu einer weiteren Steigerung der Selbsteinschätzung beiträgt.

Die Entwicklung von Selbsteinschätzung

Kinder weisen bereits mit acht Jahren ein hohes Maß an Selbsteinschätzung in fünf wichtigen Bereichen auf:

- physische Erscheinung
- soziale Akzeptanz
- schulische Kompetenz
- sportliche und künstlerische Fähigkeiten
- Verhaltensführung.

Die Selbsteinschätzung basiert auf eigenen Erwartungen und der eigenen Meinung, wie uns andere Menschen bewerten. So vermitteln Eltern, Lehrer, andere Erwachsene und Gleichaltrige starke Erwartungen und Bewertungen, die die Entwicklung der Selbsteinschätzung beeinflussen können.

Selbsteinschätzung ist abhängig von der Liebe, dem Respekt und der Akzeptanz, die wir von bedeutenden Bezugspersonen erfahren, sowie unserer eigenen Kompetenz- und Leistungseinschätzung.

Welche Rolle spielt der zwischenmenschliche Kontext?

Für den amerikanischen Psychologen Carl Rogers spielt das Prinzip der »unbedingten positiven Wertschätzung« eine zentrale Rolle. Diese Haltung soll dem Kind vermitteln, dass es schlicht aufgrund seiner eigenen Existenz geschätzt wird. An diese Form der Wertschätzung ist also keine Bedingung geknüpft. Der Begriff der unbedingten positiven Wertschätzung basiert auf folgenden Überlegungen:

1. Positive Wertschätzung vermittelt einem Kind das Gefühl, geliebt und wertvoll zu sein.

2. Wenn ein Kind geliebt wird, unabhängig davon, was es tut oder leistet, hat es weniger Grund, negative Bewertungen oder Fehler zu befürchten. Da es sich nicht darum zu sorgen braucht, die notwendige Liebe und Akzeptanz der bedeutenden Bezugsperson zu verlieren, kann es mehr Energie aufbringen, um sich neuen Möglichkeiten der Weiterentwicklung zuzuwenden.

3. Bedingungslose Liebe und Wertschätzung stellen Schutzfaktoren für das Kind dar. In Zeiten oder Situationen der Angst, Missgeschicke oder überlastender Herausforderungen kann sich das Kind bewusst zurückziehen.

Natürlich ist es für das Kind auch wichtig, von seinen Eltern oder Lehrern ebenso angemessenes Feedback über die eigenen Schwächen zu erhalten. Mögliche Kritik sollte sich aber auf eine ganz bestimmte Leistung oder ein ganz bestimmtes Verhalten beziehen und nicht auf das Kind

Den Grad an Akzeptanz, der uns mit der unbedingten positiven Wertschätzung vermittelt wird, benötigen wir von mindestens einer Person zu jedem Zeitpunkt in unserem Leben. Besonders bedeutsam ist diese Form der Zuwendung in den frühen Kindheitsjahren, da sich hier die grundlegenden Formen der Selbsteinschätzung ausbilden.

an sich. Wenn Wertschätzung dem Kind nur bedingt gegeben wird, nachdem es beispielsweise eine bestimmte Erwartung erfüllt hat, fühlt sich das Kind nur so lange wertvoll, wie es die Erwartung erfüllt. Es mag daher sein, dass es anfängt, nur noch Dinge zu tun, die für andere akzeptabel sind, und zögert, sich neuen Wagnissen zu stellen, um eine mögliche Zurückweisung nicht erleben zu müssen. Neben dem Bedürfnis, geliebt und gebraucht zu werden, ist für den amerikanischen Psychologen Alfred Bandura die individuelle Selbsteinschätzung abhängig davon, wie grundlegend kompetent sich eine Person fühlt. Bandura spricht von Selbstwirksamkeit und bezeichnet damit die Einschätzung unserer eigenen Fähigkeit, mit Lebenssituationen, Aufgaben oder Aktivitäten umzugehen. Selbstwirksamkeitserwartungen beeinflussen unsere Wahl an Aktivitäten und sie beeinflussen, wie nachhaltig und mit welchen Mitteln wir versuchen, bestimmte Hindernisse zu überwinden.

Was beeinflusst die Beurteilung unserer eigenen Selbstwirksamkeit?

Im Wesentlichen sind es die folgenden vier Informationsquellen:

1. der Erfolg oder Misserfolg, den wir in einer spezifischen Situation erfahren
2. der Erfolg oder Misserfolg anderer Personen in dieser Situation
3. die Rückmeldungen anderer Personen, wie erfolgreich wir sein werden
4. unser eigener innerer physischer Zustand: Anspannung, Müdigkeit, Angst ...

Beispiel: Die Selbstwirksamkeit eines Kindes bei einer Leseübung wird dadurch beeinflusst, (1) welchen Erfolg es bei vorhergehenden Leseübungen hatte. Zudem ist es (2) hilfreich für das Kind, andere Kinder zu sehen, die Leseübungen erfolgreich absolviert haben, (3) Zuspruch und Bestätigung von anderen Kindern oder Erwachsenen zu erhalten und (4) einen gewissen Grad an Anspannung zu verspüren, um sich besser auf die Aufgabe konzentrieren zu können.

Zusammenfassung: Selbsteinschätzung ist abhängig von der Rückmeldung anderer Personen und von der Einschätzung unserer eigenen Leistungsfähigkeit. Diese beiden Faktoren stehen zueinander in Wechselwirkung. Die bedingungslose Akzeptanz, die wir von wichtigen Personen erhalten, trägt bedeutend dazu bei, dass wir uns sicher und wertvoll fühlen. Die Beurteilungen bezüglich unserer Selbstwirksamkeit beeinflussen unsere Erwartungen und die Ziele, die wir uns selbst setzen. Selbstwirksamkeitsbeurteilungen sind somit die Basis für unsere Ideen über das, was wir sein können.

Kindliche Widerstandsfähigkeit (Resilienz)

Ein hoher Grad an Selbsteinschätzung ist allein nicht immer ausreichend, um die Entwicklung oder Beibehaltung einer produktiven und gesunden Lebensweise aufrechtzuerhalten. So genannte resiliente Verhaltensweisen sind ebenso wichtig und immer dann gefragt, wenn wir in unserem Leben mit Umstellungen, Krisen oder Herausforderungen konfrontiert sind.

Der Begriff »resilient« kommt aus dem Englischen und bedeutet: »unverwüstlich«. Unter resilienten Verhaltensweisen sind bestimmte Einstellungen, Bewältigungsformen und persönliche Stärken zu verstehen, die dem Individuum einen erfolgreichen Umgang mit den Anforderungen des Lebens ermöglichen. Kurz gefasst ist Resilienz die Kompetenz, sich von einer schwierigen Situation nicht unterkriegen zu lassen. Die Resilienzentwicklung beginnt bereits im Babyalter.

Eigenschaften resilienter Persönlichkeiten

Die amerikanische Resilienzforscherin Emmy E. Werner kam in einer Zusammenfassung der wichtigsten Studien zu resilienten Verhaltensweisen bei Kindern zu dem Schluss, dass resiliente Kinder vier gemeinsame Merkmale aufweisen:

1. Das Kind übernimmt selbständig Verantwortung in der jeweiligen Lebenssituation und bemüht sich aktiv um eine Problemlösung. Es wartet nicht, bis Hilfe von außen kommt. Dieses Verhalten erfordert vom Kind natürlich einen gewissen Grad an Selbstvertrauen und Unabhängigkeit, zur gleichen Zeit aber auch soziales Geschick, um angemessene Hilfe von Erwachsenen oder Gleichaltrigen erbitten zu können.

2. Resiliente Kinder sind in der Lage, ihre Erfahrungen in positiver und konstruktiver Weise aufzufassen oder zu interpretieren. Dies ist selbst dann der Fall, wenn es sich um negative oder schmerzhafte Erfahrungen handelt.

3. Resiliente Kinder scheinen häufig eine natürlich positive und sympathische Ausstrahlung zu haben. Sie sind in der Lage, die verbalen und nonverbalen Ausdrucksformen anderer Menschen richtig zu interpretieren. Diese Kinder sind nicht übermäßig selbstzentriert, zeigen sich ihren Mitmenschen gegenüber interessiert und offen. Alle diese Eigenschaften tragen dazu bei, dass die Kinder ein enges Beziehungsverhältnis zu mindestens einer Bezugsperson während der frühen Kindheit aufbauen oder aufrechterhalten. Dabei muss die Bezugsperson nicht ein Elternteil des Kindes sein. Genauso gut kann ein Nachbar, Freund, Lehrer oder Trainer diese Rolle übernehmen.

4. Schließlich entwickeln resiliente Kinder sehr früh eine Eigenschaft, die der amerikanische Medizinsoziologe Aaron Antonovsky als »Kohärenz« bezeichnet hat: den grundlegenden Glauben daran, dass das Leben Sinn macht und die eigene Person jede Lebenssituation meistern kann.

Zusammenfassend kann man festhalten: Die zentralen Charakteristika, die resiliente Individuen aufweisen, sind Kontrollvermögen, Belastbarkeit und Pflichtgefühl.

Unbedingte positive Akzeptanz und Wertschätzung vermitteln Eltern ihrem Kind vor allem durch die Qualität der Zeit, die sie mit dem Kind verbringen. Es sollte uneingeschränkte und damit qualitativ wertvolle Aufmerksamkeit mindestens drei- bis viermal pro Woche je 20 Minuten erfahren dürfen. In dieser Zeit soll sich der Erwachsene vollkommen auf das Kind konzentrieren.

Bei den Hausaufgaben zu helfen, die Lieblingsspeise zu kochen, über Witze zu lachen, aus dem Lieblingsbuch vorzulesen, mit dem Kind zu spielen oder Theateraufführungen zu besuchen – das sind Verhaltensweisen, die dem Kind signalisieren: Ich liebe dich um deiner selbst willen!

Kontrollvermögen: Gemeint sind damit die Selbstkontrolle sowie die Akzeptanz der Verantwortung für eigene Entscheidungen und deren Konsequenzen. Menschen mit innerer Kontrollüberzeugung erwarten von anderen keine Hilfe bei Dingen, die sie selbst erledigen können. Sie sind davon überzeugt, dass ihre selbständige Übernahme von Verantwortung in schwierigen Situationen in einen produktiven Umgang mit der Belastung mündet.

Belastbarkeit: Resiliente Personen betrachten das Leben als eine Herausforderung. Sie verfügen über die Fähigkeit, die positiven Aspekte von Veränderungen zu sehen und die negativen Aspekte einer Situation zu minimieren oder hinter sich zu lassen. Sie verfügen damit nicht nur über eine generelle positive Lebenseinstellung, sondern sind auch in der Lage, Unglücken und Brüchen im Lebenslauf ihren Schrecken zu nehmen sowie Nutzen aus diesen Veränderungen zu ziehen. Dies setzt jedoch auch voraus, dass die Person über eine flexible Denkweise verfügt, denn sie muss die Situation aus mehreren Perspektiven betrachten und verschiedene Problemlösungen ableiten können.

Pflichtgefühl: Das dritte Charakteristikum ist die Fähigkeit, Bedeutung und Wert im eigenen Tun zu finden, also einen Grund oder einen Sinn und Zweck in der eigenen Existenz zu sehen. Diese Fähigkeit lässt ein Individuum in der Regel Verpflichtungen eingehen. Durch Verpflichtungen setzen wir uns Ziele und strengen uns an, diese zu erreichen. Verpflichtungen haben eine stressreduzierende und leistungsmotivierende Funktion, da sie das menschliche Energiepotenzial auf Ziele fokussieren. In schwierigen Zeiten kann eine zielorientierte Perspektive die Person zum Durchhalten motivieren.

Wie können Eltern die positive Selbsteinschätzung ihrer Kinder stärken?

- *Das Kind bedingungslos wertschätzen.* Wenn wir dem Kind in Spiel- oder Konversationssituationen keine Aufmerksamkeit schenken, fühlt sich das Kind ignoriert, mit der Zeit zunehmend unwichtig und wertlos. Qualitative Aufmerksamkeit bedeutet zum einen konzentriertes und aktives Zuhören. Ein Elternteil widmet seine ungeteilte Aufmerksamkeit dem Kind. Dabei schaut er das Kind an, legt alle ablenkenden Aktivitäten oder Objekte auf die Seite und stellt Fragen, die offenbaren, dass er Interesse an dem zeigt, was das Kind sagt und wie es sich verhält. Wichtig ist außerdem aktives Interesse an den Aktivitäten, die dem Kind wichtig sind.
- *Dem Kind zu Erfolgen verhelfen und dabei produktives Feedback geben.* Kinder werden wahrscheinlicher Erfolg haben, wenn sie ihre eigenen

Fähigkeiten und Talente nutzen können. Die natürlichen Fähigkeiten und Temperamenteigenschaften des Kindes nicht zu kennen oder nicht zu akzeptieren, führt zu einer unangemessenen Erwartungshaltung, die wiederum Einfluss auf das Selbstbild des Kindes und die gesteckten Ziele hat. Dagegen zu wissen, welche Ziele ich mir setze, wie ich diese am besten und geschicktesten erreichen kann und zu wissen, wie ich im Falle einer möglichen Enttäuschung konstruktiv mit der Situation umgehen kann, sind wichtige und lebenslange Hilfsmittel, die dem Kind beim Aufbau und der Erhaltung einer positiven Selbsteinschätzung helfen. Eltern können in diesem Prozess produktives Feedback geben. Es sollte direkt, spezifisch, objektiv und angemessen sein und sich auf positives wie negatives Verhalten beziehen.

In einer negativen Situation sollen sie das Kind auffordern, über mögliche andere Verhaltensweisen nachzudenken:

»Daniel, wenn du wütend bist, kannst du nicht einfach die Türen hinter dir zuschlagen. Was denkst du, welche Möglichkeiten es noch für dich gibt, mit deinem Ärger umzugehen?«

Diese Kommunikationsform bezieht sich auf das spezifische Verhalten des Kindes, ist nicht offensiv und erzeugt damit keine defensive Haltung beim Kind.

◆ *Das Kind zur Selbständigkeit erziehen.* Der erste Schritt bei der Erziehung zur Selbständigkeit ist, dem Kind die eigene Verantwortung für seine Gefühle und Handlungen zu übertragen. Verantwortungsvolle Individuen warten nicht, bis jemand ihre Arbeit erledigt oder ihre Bedürfnisse befriedigt. Sie ergreifen selbst die Initiative.

Zu schnell ermächtigen sich Eltern als Problemlöser für das Kind, was ihm das Gefühl vermittelt, dass es mit bestimmten Problemlagen selbst nicht umgehen kann. Kurz: Das Gefühl der Selbstwirksamkeit wird beeinträchtigt. Auch neigen Eltern manchmal dazu, sich für das Kind zu entschuldigen und es vor den natürlichen und logischen Konsequenzen des eigenen Handelns zu beschützen: Wenn es in Schwierigkeiten kommt, so muss es die Schuld eines anderen Kindes oder eines besonderen Umstandes sein. Andere Eltern neigen dazu, es dem Kind grundsätzlich immer leicht zu machen, schon vorab mögliche Schwierigkeiten aus dem Weg zu räumen oder zu umgehen. Dies führt beim Kind zu einem verringerten Grad an Selbstdisziplin und Selbstinitiative. Zudem erwarten die Kinder mit der Zeit, dass andere Menschen ihre Probleme lösen, was die Entwicklung von Problemlöse- und -bewältigungsstrategien beeinträchtigt.

Eltern sollten dem Kind direkt und genau erklären, was ihnen am Verhalten in einer spezifischen Situation gefallen oder nicht gefallen hat. Dabei sollten sie extreme Über- oder Untertreibungen vermeiden. Diese wichtigen Informationen, die dem Kind vermittelt werden, beziehen sich auf sein eigenes Verhalten und auf den Umgang des Kindes in Beziehungen mit anderen Menschen. Durch konkretes Feedback hat das Kind die Möglichkeit, sein Verhalten zu ändern.

Eine gute Möglichkeit, das Verantwortungsbewusstsein des Kindes zu steigern, ist, dem Kind Aufgaben im Haushalt zu übertragen und verantwortungsbewusstes Verhalten zu verstärken.

Auch der Erziehungsstil beeinflusst die Selbsteinschätzung des Kindes: Weder ein allzu nachsichtiger noch ein übermäßig autoritärer, sondern nur ein demokratischer Erziehungsstil führt Kinder zu selbstdirektivem, selbstkontrolliertem und sozial akzeptablem Verhalten.

◆ *Dem Kind helfen, gute soziale Fertigkeiten zu entwickeln.* Die Fähigkeit, mit anderen Menschen gut auszukommen, fördert Produktivität, Gesundheit und Wohlbefinden. Wenn das Kind über gute soziale Fertigkeiten verfügt, kann es Freundschaften initiieren oder aufrechterhalten, soziale Ressourcen zur Unterstützung heranziehen und Befriedigung durch diese Beziehungen erhalten. Die »sozialen Fertigkeiten« umfassen die Fähigkeit zur Perspektivenübernahme, effektiven und produktiven Kommunikation, Empathie, Verhandlungsfähigkeit und Problemlösung. Kinder mit gut entwickelten sozialen Fertigkeiten können Kompromisse eingehen. Hilfsbereitschaft, Höflichkeit und Freundlichkeit – ohne die eigene Person zu vernachlässigen – zeichnen diese Kinder aus.

◆ *Dem Kind Bedürfnisaufschub vermitteln.* Ein Kind, das eine sofortige Belohnung zugunsten eines weiter entfernten Zieles zurückweist, wird sich auf Dauer eher positiv einschätzen. Denn Kinder, die Bedürfnisse aufschieben können, sind bessere Problemlöser. Eltern können dieses Verhalten fördern, indem sie die Kinder belohnen, wenn sie unmittelbare Bedürfnisse zugunsten längerfristiger Ziele aufschieben. Zugleich sollten die Eltern ihre Kinder über die Vorteile dieses Verhaltens aufklären. Der Verzicht auf das tägliche Fernsehen wird beispielsweise mit einem gemeinsamen Kinobesuch am Wochenende belohnt.

◆ *Dem Kind helfen, sich selbst und das eigene Verhalten zu verstärken.* Eltern können ihr Kind bestärken, indem sie angemessenen Selbstbewertungen zustimmen, beispielsweise indem sie bei der Einschätzung der eigenen Noten oder bei Eigenlob – »Ich bin stolz auf mich« – nochmals bestätigen: »Du hast allen Grund, stolz auf dich zu sein.«

◆ *Das Kind ermutigen, positiv zu denken.* Eine positive Perspektive fördert sowohl die kindliche Selbsteinschätzung als auch die kindliche Fähigkeit zur Problembewältigung. Positiv denken heißt, das, was man zur Verfügung hat, wertzuschätzen und die negativen Aspekte einer Situation zu minimieren.

◆ *Als Elternteil Vorbild sein.* Da Kinder gerne imitieren, was sie sehen, sollten sich Eltern ihrer Rolle als elterliches Vorbild bewusst sein. Sie sollten Verantwortung für ihre eigenen Handlungen übernehmen und beispielhaft darstellen, wie sie produktiv mit Enttäuschungen und Fehlern umgehen. Ihre Kommunikation mit anderen Menschen sollte überlegt und gefühlvoll sein. Sie sollten dem Kind zeigen, auf welche Weise sie realistische Ziele und Erwartungen an sich selbst stellen. Das setzt voraus, dass sie ihre Stärken und Schwächen akzeptieren. Und schließlich sollten Eltern über gute Problemlösefähigkeiten verfügen, durch die eine effektive Balance geschaffen wird zwischen den Bedürfnissen und Belohnungen von heute und jenen von morgen.

Stärkung kindlicher Widerstandsfähigkeit

Hier einige Empfehlungen zur Stärkung der kindlichen Widerstandsfähigkeit:

◆ *Dem Kind helfen, spezifische Fertigkeiten zu entwickeln.*
Um eigene Begabungen zu entwickeln, müssen Kinder zunächst feststellen, dass solche Fertigkeiten und Interessen einen Wert besitzen. Dies wird ihnen schon sehr früh im Leben vermittelt, denn Erwachsene geben Kindern Rückmeldungen über den Wert ihrer Taten und Fertigkeiten. Dabei sollte es sich um die eigenen Fertigkeiten und Talente der Kinder handeln und nicht um Fertigkeiten, die Eltern ihrem Kind gern zuschreiben möchten.

◆ *Dem Kind helfen, Interessen und Hobbys zu entwickeln.* Hobbys und Interessen der Kinder sind Aktivitäten, die dauerhaft Befriedigung und Freude vermitteln können. Es sind Stressminderer, also Möglichkeiten »abzuschalten«. Eltern und Lehrer sollten Kinder zu Hobbys ermutigen. Es ist auch Aufgabe der Eltern, den Kindern zu vermitteln, wie sie eine vernünftige Balance finden zwischen schulischen Verantwortlichkeiten und der Ausübung von Hobbys.

◆ *Dem Kind helfen, soziale Fertigkeiten zu entwickeln und sich auch an anderen zu orientieren.* Wie aus der Stressforschung bekannt ist, kann ein funktionierendes soziales Netzwerk Stress minimieren. Resiliente Kinder achten auch auf die Bedürfnisse anderer Kinder – beispielsweise in einer Familie, in der beide Eltern berufstätig sind und sich die älteren Kinder um die jüngeren kümmern. Diese Orientierung an anderen kann Kindern in schwierigen Zeiten Sinn und Zweck ihres Daseins aufzeigen und ermöglicht ihnen in schwierigen Situationen, die negativen Bedingungen, die sie selbst erfahren, zu reduzieren.

◆ *Dem Kind helfen, Verantwortung zu übernehmen.* Resiliente Kinder sind verantwortungsbewusste Menschen. Sie initiieren Ideen und beteiligen sich aktiv am Gruppengeschehen. Sie sind Problemlöser und übernehmen für sich selbst die Verantwortung – ein Schutzfaktor in guten wie in schlechten Zeiten. In guten Zeiten nützen diese Kinder die Gelegenhei-

Über gute Fertigkeiten in einem bestimmten Bereich zu verfügen, ist eine wertvolle Quelle, aus der wir in Stresssituationen schöpfen können. Durch sie erlangen wir Respekt und Beachtung von anderen Menschen. Zudem helfen bestimmte Fertigkeiten und Talente beim Setzen und Verfolgen von Zielen, und diese Ziele vermitteln dem Individuum in schwierigen Zeiten die Motivation zum Weitermachen oder Durchhalten.

ten, die ihnen eine Situation bietet. In schlechten Zeiten können sie die notwendigen Schritte einleiten, um Probleme in den Griff zu bekommen. Fehlt einem Kind oder Erwachsenen dieser Sinn für Eigenverantwortlichkeit, so macht es oder er sein Verhalten im Wesentlichen von anderen oder dem Schicksal abhängig.

◆ *Dem Kind helfen, Bewältigungsmechanismen zu entwickeln.* Gute Bewältigungsmechanismen ermöglichen einen effektiven Umgang mit Stress auslösenden Faktoren und Momenten. Man unterscheidet zwischen emotions- und problemzentrierter Bewältigung. Emotionszentrierte Bewältigung betrifft die Regelung von Gefühlen, die sich als Antwort auf ein bestimmtes Problem einstellen. Dies ist vor allem dann wichtig, wenn das Ergebnis einer Situation nicht kontrollierbar ist. Folgende Formen einer emotionszentrierten Bewältigung lassen sich unterscheiden:

Manchmal sind Stressauslöser so belastend, dass auch der widerstandsfähigste Mensch Schwierigkeiten mit der Bewältigung hat und eine Pause oder Hilfe benötigt. Solch ein Verhalten ist kein Zeichen von Schwäche oder schlechtem Bewältigungsstil. Zu wissen, wann ich selbst Hilfe benötige, ist bereits ein guter Bewältigungsmechanismus.

1. den positiven Aspekt negativer Ereignisse oder Situationen betonen – beispielsweise am Ende der Kindergartenzeit die Freude darüber, als Schulanfänger endlich zu den »Großen« gehören zu dürfen
2. eine Ablenkung finden – beispielsweise mit Papa Drachen steigen lassen
3. die negative Situation neu bewerten: »Ich weiß, dass ich es schaffe«; »Eigentlich ist es gar nicht so schlecht wie ich dachte.«
4. positive Vergleiche mit anderen Situationen ziehen: »Es könnte schlimmer sein, so wie damals, als nach dem Sturz auch noch das Eis im Sand lag.«
5. nur ein bestimmtes Teil des Problems auswählen und sich damit effektiv auseinandersetzen.

Problemzentrierte Bewältigung geht hingegen das Problem direkt an. »Kognitive Flexibilität«, Flexibilität im Denken, ermöglicht der Person, eine Situation von vielen Perspektiven zu betrachten und damit verschiedene Problemlösestrategien zu entwerfen – wovon eine die Lösung sein könnte. Erfolgreiche Bewältigung wird optimiert durch körperliche Gesundheit. Die Fähigkeit zur Entspannung, gesunde Ernährung und sportliche Betätigungen tragen alle zu körperlicher Gesundheit und zu einer effektiven Problem- oder Stressbewältigung bei. Eine gesunde Ernährung erlaubt uns, optimal zu denken und zu fühlen.

◆ *Dem Kind vermitteln, wie es sich Ziele setzen und sie erreichen kann.* Ziele motivieren zu Aktionen. Eltern sollten zunächst betonen, dass mehr als ein Ziel existieren sollte und die Ziele realistisch sein müssen. Zweitens sollten die Eltern das Kind dazu anleiten, sich verschiedene Wege und Möglichkeiten auszudenken, um das Ziel zu erreichen. Das fördert die Fähigkeit des Kindes zu flexiblem Denken. Ausdauer ist der dritte Schlüssel zum Erfolg. Kinder müssen lernen, auf dem Weg zum Ziel einen gewissen Grad an Frustration zu ertragen. Ebenso müssen sie lernen abzuschätzen, wann es besser ist, ein Ziel aufzugeben und ein anderes zu verfolgen. Vorschnelles Aufgeben ist jedoch aus zwei Gründen schlecht: Erfolg wird sich nicht zeigen und ein Durchhaltevermögen in schwierigen Zeiten stellt sich niemals ein. Auf der anderen Seite wäre es genauso unangemessen, an einem unerreichbaren oder das Kind deutlich überfordernden Ziel festzuhalten. Klare Entscheidungen treffen zu können, hilft dann weiter.

◆ *Dem Kind eine bedeutungsvolle Lebensphilosophie vermitteln.* Neben Zielen, die wir verfolgen, müssen wir eine Art Lebensphilosophie besitzen, die dem, was wir tun, Aufmerksamkeit und Bedeutung beimisst. Für einige Menschen erfüllt die Religion diesen Zweck. Für andere Menschen sind Verpflichtungen gegenüber der Familie, Gemeinschaft oder sogar Nation der Ansporn zum Weitermachen. Die größte Bedrohung für die Akzeptanz solcher Werte ist eine Überbetonung des Selbst. Eine Philosophie höherer Ordnung weitet die Sichtweise, vermittelt Gründe und Ziele, die dem Einzelnen helfen, die momentane Situation durchzustehen.

◆ *Dem Kind helfen, effektiv mit Veränderungen umzugehen.* Veränderungen gehören zum Leben. Wie wir mit diesen Veränderungen umgehen, ist zum Teil durch unser Temperament, zum Teil durch bisherige Erfahrungen bestimmt. Die Art und Weise, wie wir Veränderungen wahrnehmen und damit umgehen, beeinflusst natürlich auch, wie negativ wir Veränderungen erleben. Es hilft, sich selbst und dem Kind die Gelegenheit zu geben, sich an Veränderungen zu gewöhnen.

◆ *Dem Kind helfen, eine Einstellung des Bestmöglichen zu entwickeln.* Die Einstellung »Ich werde mein Bestes geben« ist hilfreich für die Entwicklung von Resilienz. Das Beste zu geben heißt einerseits über die Erwartungen hinaus etwas zu leisten. Zum anderen ist mit dieser Einstellung ein intensives Verhältnis zur Arbeit verbunden, unter anderem dadurch, dass an der Erledigung der Aufgabe festgehalten wird. Diese Form der Ausdauer trägt dazu bei, dass in einer schwierigen Situation resilientes Verhalten gezeigt werden kann.

Schulung der Gefühle

EQ oder IQ

Intelligenz steht in unserer Gesellschaft hoch im Kurs. Dabei vergessen wir oft, dass die in IQ-Tests gemessene Intelligenz auf einige wenige sprachliche und mathematische Fähigkeiten beschränkt ist, die eher akademischer Natur sind. Intelligente Menschen, so unterstellen wir, werden mit großer Wahrscheinlichkeit Erfolg in Schule und Beruf haben, viel Geld verdienen und ganz allgemein erfolgreich sein. Aber was nützen ein hoher IQ und eine schnelle Auffassungsgabe, wenn wir – wegen eines nur gering ausgeprägten EQ – innerhalb der Familie Probleme haben, keine Freunde finden oder halten können, uns keine Beziehung glückt oder wir mit uns selbst nicht zurechtkommen? Für alle Bereiche des Lebens, die es erst wirklich schön und lebenswert machen, ist unser Einfühlungsvermögen eine der wichtigsten Voraussetzungen.

Man lernt nie aus

Jeder von uns weiß, wie komplex die Welt der Gefühle ist. Immer wieder stehen wir vor Situationen, in denen Empfindungen wie Angst oder Scham uns so überwältigen, dass wir uns zu unangebrachten Reaktionen hinreißen lassen. Wir fühlen uns manchmal machtlos, dem Ansturm der Emotionen ausgeliefert und finden keinen Weg, damit umzugehen. Egal, wie alt wir sind oder wie viel Erfahrung wir haben – wenn es um Gefühle geht, haben wir unser Leben lang nicht ausgelernt.

Die fünf Bereiche der emotionalen Intelligenz

In seinem Buch »Emotionale Intelligenz« nennt der amerikanische Psychologe Daniel Goleman fünf Bereiche, in die emotionale Intelligenz gegliedert werden kann:

1. **die eigenen Emotionen kennen**
2. **Emotionen handhaben**
3. **Emotionen in die Tat umsetzen**
4. **die Emotionen der anderen erkennen**
5. **Beziehungen leben**

Emotional Quotient (EQ)

Ein Maß, das nach den Worten seines Schöpfers, des amerikanischen Psychologen Daniel Goleman, die menschliche Fähigkeit bestimmen soll, »unsere eigenen Gefühle und die unserer Mitmenschen zu erkennen, uns zu motivieren und unsere Emotionen nach innen und nach außen zu managen«. Während der Intelligenzquotient verwendet wird, um das logische Denken und die Ratio auszudrücken, drückt der EQ die emotionale Intelligenz aus.

aus: www.medialine.focus.de

»Nur wer mit Gefühlen lebt und nicht gegen seine Gefühle lebt, der lebt gesund.«
Christine Haas, Knüllwald

1. Die eigenen Emotionen kennen – Was fühle ich?

Grundlage der emotionalen Intelligenz ist die Wahrnehmung der eigenen Gefühle. Nicht nur im Nachhinein, im Nachdenken über eine Situation, sondern laufend und während wir sie fühlen. Auf diesem Vermögen bauen alle anderen Kompetenzen auf.

Gefühle erkennen

Die eigenen Gefühle wahrnehmen – das hört sich einfach an, ist aber häufig schwierig. Jeder kennt Situationen, in denen er plötzlich stark emotional reagiert, ohne vorher Anzeichen eines Gefühls wie Wut oder Ärger bemerkt zu haben. Fast scheint es, als hätte uns das Gefühl regelrecht überfallen. Denken Sie beispielsweise an einen Streit in der Familie: Ihr Kind gibt eine freche Antwort und Sie sind ohne Vorwarnung auf 180. Die Ursache liegt darin, dass wir in vielen Situationen unsere Gefühle übergehen, statt sie wahrzunehmen. Sicher gab es vorher schon kleinere Anzeichen dafür, dass Ihnen eine Situation wie diese zu viel wird. Aber Sie haben die Gefühle unterdrückt. Dann braucht es irgendwann nur noch den berühmten letzten Tropfen, der das Fass zum Überlaufen bringt, und Sie explodieren. Versuchen Sie, Ihre Gefühle zu beobachten, Kontakt zu halten zu Ihren Emotionen. Um die Frage »Was fühle ich?« zu beantworten, müssen wir einfach öfter mal innehalten und in uns hineinlauschen.

»Gefühle zu erkennen, auch zuzulassen, sind Voraussetzungen, um glücklich zu sein. Wer einen freien Kopf hat, blockiert sich nicht selbst, sondern ist frei und im Geist fit, um andere Dinge zu meistern. Nicht in negative Bahnen zu geraten, macht ein gesundes Leben aus. Die Dinge zu erkennen, zu benennen und dann zu verändern, sind Schlüssel für das eigene Glück und ein gesundes Miteinander.«
Jana Ostrzinski, Berlin

Gefühle beobachten

Um sich das eigene Empfinden bewusst zu machen, kann man sozusagen einen »Schritt neben das Gefühl« machen, während man es fühlt. Das bedeutet beispielsweise, wütend zu sein und in dem Moment zu wissen: Ich bin jetzt wütend. Diese Distanz versetzt uns in die Lage, uns nicht von unseren Gefühlen beherrschen zu lassen. Wenn Sie sich Ihrer Wut bewusst werden, können Sie bessere Wege des Umgangs mit diesem Gefühl finden, als beispielsweise mit der Faust auf den Tisch zu hauen.

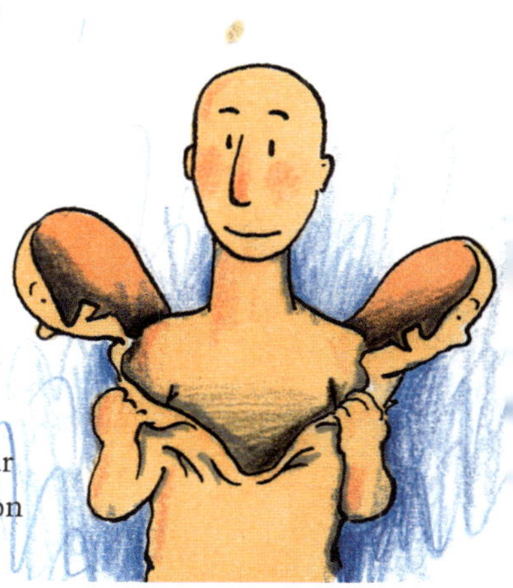

Warum ist das Fühlen manchmal so schwierig?

Vielen Menschen fällt es schwer, Zugang zu ihren Gefühlen zu finden. Gefühle können weh tun. Wir alle haben schon schmerzhafte Erfahrungen gemacht. Enttäuschungen, Zurückweisungen oder traumatische Erlebnisse gehören zum Leben dazu. Und manchmal glauben wir, sie nur aushalten zu können, wenn wir uns eine Schutzhülle zulegen, die uns von unseren Gefühlen trennt. Die Formel scheint einfach: Wer nichts fühlt, dem kann man nicht weh tun. Doch leider geht sie nicht auf. Denn wenn wir unsere Gefühle nicht fühlen, können wir mit ihnen eben auch nicht umgehen.

»Die Seele hat geweint und ich hab es nicht gehört, also wurde ich körperlich krank«, schreibt eine 45-jährige Mutter zweier Kinder. „Gefühle zu fühlen, ist ein Geschenk. Ich weiß, dass ich meinen Gefühlen, die bei mir im Bauch wohnen, vertrauen und folgen darf. Seit ich versuche, meine Gefühle zu spüren und zu beachten, geht es mir gesundheitlich besser. Gefühle zu fühlen ist wunderbar, wenn auch oft schmerzhaft. Ich allein entscheide, ob und welchen Gefühlen ich Macht gebe.«

Gefühle dürfen sein!

Manche Menschen reagieren auf das Wort »Gefühl« mit Unbehagen. Das hängt häufig mit ihrer Erziehung zusammen. In vielen Familien wird auch heute noch in erster Linie über fassbare Probleme wie die 6 in Mathe gesprochen, aber nicht darüber, was das Kind dabei fühlt. Kinder lernen oft, »negative« Gefühle zu unterdrücken, statt mit ihnen umzugehen. Und so müssen sie dann als Erwachsene den umgekehrten Weg beschreiten und das, was sie in einem mühsamen Prozess zu unterdrücken gelernt haben, wieder ans Tageslicht fördern. Dabei ist eines wichtig: Jedes Gefühl ist absolut in Ordnung. Ärger, Neid oder Wut – Sie dürfen es fühlen. Jede dieser Emotionen hat ihren Wert und ihre Bedeutung. Es kommt darauf an, was Sie daraus machen.

Nehmen Sie sich Zeit!

Gefühle werden häufig durch die Anforderungen des Alltags verschüttet: Ein Tag, der schon morgens mit Stress und Hektik beginnt, lässt Ihnen vermeintlich oft keine andere Chance als einfach nur zu funktionieren. Dabei sind ein wenig Ruhe beim Frühstück, ein kurzes Gespräch über den bevorstehenden Tag mit Ihrem Kind wichtig. Um zu sich zu finden, reichen oft schon ein paar Minuten, in denen Sie vielleicht einen Traum Revue passieren lassen, der in Ihnen nachwirkt, oder in denen Sie über eine interessante Bemerkung Ihres Sprösslings nachdenken. Noch schöner ist es, sich gemeinsam über Kleinigkeiten zu freuen: den blauen Himmel, das tolle Aroma des frisch gebrühten Kaffees oder Ihren Lieblingssong im Radio. Ein ganz normaler Tag hält oft viele kleine Glücksmomente bereit, die in der Hektik des Alltags leicht zu übersehen sind.

2. Emotionen handhaben – Wohin mit meinen Gefühlen?

Der erste Schritt ist, die eigenen Gefühle wahrzunehmen. Im nächsten geht es darum, mit Emotionen angemessen umzugehen, also Wege zu finden, wie die eigenen, wahrgenommenen Gefühle verarbeitet werden können. Emotionale Intelligenz – das ist auch die Fähigkeit, bedrückende Gefühle wie Angst zu verarbeiten und wieder zur Ruhe zu finden. Wer sich von bedrängenden Emotionen befreit, statt sich von ihnen lähmen zu lassen, wird nach Enttäuschungen und Rückschlägen schneller wieder aufstehen können.

Gefühle in der Balance

Unsere Gefühle sollen uns nicht beherrschen, sie sollen nicht außer Kontrolle geraten und unser gesamtes Handeln bestimmen. Aber ebensowenig dürfen wir sie unterdrücken. Es gilt die Fähigkeit zu entwickeln, unsere Emotionen zuzulassen, ihnen aber auch nicht zu viel Macht einzuräumen. Auf die richtige Balance zwischen Gefühl und Verstand kommt es an.

Gefühle und ihre Auslöser

Irgendwie war der ganze Tag eine Katastrophe, das Auto muckt schon länger und zum Einkaufen war es mal wieder zu spät. Der Kühlschrank ist leer und jetzt kommt Ihr Kind auch noch und möchte unbedingt ein Eis haben ... Das ist der Moment, an dem Sie am besten ganz tief durchatmen und überlegen, was wirklich hinter Ihrem gerade aufflackernden Zorn steckt. Sie werden häufig zu dem Schluss kommen, dass Ihr Kind in dieser Situation gar nichts dafür kann. Sie können ihm erklären, warum Sie eben aus heiterem Himmel so sauer geworden sind, und vielleicht gemeinsam etwas Schönes gegen den Frust unternehmen.

Eigene Strategien entwickeln

Was kann Ihnen nach einem enttäuschenden Erlebnis helfen, wieder Freude zu empfinden? Wie können Sie nach einem frustrierenden Tag Ihre Lebensgeister wieder auffrischen? Hilft Ihnen ein langes Bad nach einem Streit, sich wieder abzuregen? Kühlt Ihr Zorn besser ab, wenn Sie Holz hacken oder laut Opernarien hören? Vielleicht kann ein wilder Tobe-Nachmittag mit den Kindern oder ein Besuch im Zirkus Ihnen wieder Lebensfreude in schwierigen Zeiten vermitteln? Seine Strategie im Umgang mit negativen Gefühlen kann jeder Mensch nur ganz persönlich entwickeln. Das erfordert vielleicht ein bisschen Zeit zum Ausprobieren – aber wie gut, wenn man weiß, was jetzt hilft.

»Ob man sich in seiner Haut wohl fühlt, hängt sehr davon ab, wie aufmerksam man seinen Gefühlen gegenüber ist und ob man entsprechend handeln kann. Ein Mensch, der seine Gefühle nicht wahrnimmt oder ignoriert, ist wie ein Autofahrer, der ohne Licht (...) versucht, bei Nacht auf einer unbekannten Straße sein Ziel zu erreichen.«
Michael Wäser aus Berlin

»Wir trainieren unseren Körper = Muskeln, warum trainieren wir nicht unseren Geist = Gedanken, positive Gedanken = positive Gefühle, negative Gedanken = negative Gefühle. Wir denken, was wir wollen, und daraus erwächst eine Intelligenz der Gefühle, weil man sie selbst erlebt und erkennt. Ich bin der festen Überzeugung, wenn man sich selbst erkennt und ein Ziel hat und nach seinen eigenen Fähigkeiten und Neigungen lebt und von seinen Mitmenschen und Freunden akzeptiert wird, dann überträgt man automatisch durch die eigene Ausstrahlung eine positive Energie.«
Ines Schulz aus Berlin

»Bei Wut versuche ich, mit ruhiger Stimme auf jemand einzuwirken. Ich stelle mir richtige Situationen vor, in denen man wütend sein kann, um die jetzige Situation zu mildern. Danach versuche ich, diese Wut zu lenken in sportliche Betätigung, um eine Befreiung zu erreichen. ... Freude macht das Leben intensiver, weil man wach durch die Welt läuft.«
Sandra Delgade, Lörsweiler

Positive und negative Gefühle

Schöne Gefühle wie Glück, Freude, Hoffnung können so viel Energie geben, dass Sie versuchen sollten, sie zu verstärken. So lässt sich der Schwung ausnutzen, den diese Gefühle geben. Wenn Sie schöne Empfindungen sehr bewusst erleben und abspeichern, können Sie sich vielleicht in schwierigen Zeiten daran wärmen. Die Erinnerungen an einen rundum glücklichen Nachmittag oder an den Moment, in dem Ihr Kind zum ersten Mal »Mama« gesagt hat, sind kostbare Schätze, die Ihnen immer erhalten bleiben. Und wenn Sie andere an Ihrer Freude teilhaben lassen, kommt sie sicher wieder zu Ihnen zurück. Negative Gefühle wie Angst oder Ärger sollten Sie dagegen nicht unterdrücken. Es ist besser, sich ihnen zu stellen – und dann Wege zu finden, sie möglichst schnell wieder abzuschütteln.

Rückbesinnung

In schwierigen Situationen kann es helfen, sich an Begebenheiten zu erinnern, in denen man ähnlich empfunden hat. Die Erkenntnis, das schon einmal erlebt und einen Weg herausgefunden zu haben, kann eine Menge Kraft und Zuversicht geben. Denn was Sie einmal geschafft haben, können Sie wieder schaffen. Sie wissen, wie es geht. Sie müssen nur die erfolgreiche Strategie erneut anwenden.

Guter Ärger

Ärger an sich ist ein sehr hilfreiches Gefühl, das uns zeigt, dass wir uns in einer Situation nicht wohl fühlen oder etwas nicht mögen. Ärger macht uns aktiv, denn erst wenn wir uns über eine Sache ärgern, fühlen wir uns veranlasst, sie aus der Welt zu schaffen. Aus dem Ärger entspringen die Energie und die Motivation, Dinge zu verändern. Das geht natürlich nur in Situationen, in denen Sie auch Einfluss auf die Ursache Ihres Ärgers haben. In dem Moment, in dem Sie aktiv werden, hat das Gefühl seine Aufgabe erfüllt.

Schlechter Ärger

Die tägliche, zermürbende Wut über trödelnde Kinder am frühen Morgen, das schlechte Wetter, den Stau auf der Autobahn oder den unfreundlichen Verkäufer im Supermarkt – das ist der Ärger, den wir nicht brauchen: ein Gefühl der hilflosen Ohnmacht. Den immer wieder neuen Ursachen des Ärgers werden wir allerdings kaum entgehen können. Unser tägliches Leben ist voll davon. Die einzige Chance ist, sich auf den Ärger nicht einzulassen oder sich beispielsweise klar zu machen: Kinder funktionieren nun mal nicht wie Erwachsene. Wenn Sie erst gar nicht mit der Anforderung, dass Ihr Kind schnell frühstücken soll, an die Sache herangehen, sondern 5 Minuten mehr Zeit einplanen, ist eine Ursache des Ärgers schon beseitigt. Manchmal kann es sinnvoll sein, sich ganz bewusst erst gar nicht zu ärgern. Denn was können wir schon gegen Dauerregen am Tag des Familienausflugs tun? Wir können nur versuchen, das Beste daraus zu machen. Und vielleicht wird der Tag mit Regencapes und Gummistiefeln ja viel lustiger als gedacht.

Bärbel Heringhaus aus Bielefeld empfiehlt bei Wutgefühlen »3x tief ein- und ausatmen; aus dem Zimmer, aus dem Haus gehen; später, am Abend oder am nächsten Tag die Situation still für sich genau erinnern und sich anschließend fragen, wann genau und warum man so wütend wurde.«

Mensch, ärgere dich nicht!

Wenn Sie sich ärgern, leiden in erster Linie Sie unter diesem Gefühl. Sie sind aber auch der einzige Mensch, der darüber entscheiden kann, ob Sie sich ärgern oder nicht. Vielleicht kann das nächste Mal, wenn Sie Ärger in sich aufsteigen spüren, folgende Strategie helfen: Tief Luft holen und laut »Nein, ich ärgere mich nicht!« sagen. Sie können sich – wenn möglich – auch einfach umdrehen und die Situation verlassen. Oder Sie können dem aufkommenden Ärger etwas Schönes entgegensetzen, beispielsweise Ihre Lieblings-CD beim Aufräumen des zugemüllten Kinderzimmers (natürlich gemeinsam mit Ihrem Sprössling).

Loslassen!

Sie ärgern sich vielleicht immer wieder über Ihren Sohn, der nicht aufessen mag, oder Ihre Tochter, die viel zu spät mit den Hausaufgaben anfängt. Und Ihr Partner findet daran gar nichts Schlimmes. Da kann es helfen, wenn Sie Ihre Einstellung ändern. Nicht alle Menschen haben die gleichen Vorstellungen und Normen wie Sie. Jeder findet andere Dinge wichtig. Und Sie können nicht alles kontrollieren. Manchmal hilft es, einfach loszulassen.

Zettelwirtschaft

Ein neuer Tag: Jede Menge Möglichkeiten, sich grün zu ärgern – oder eben auch nicht. Sie können die Worte »Ich lasse mich nicht ärgern! Das wird ein schöner Tag!« auf einen Zettel schreiben und ihn an den Badezimmerspiegel hängen. Wenn Sie sich die Sätze laut vorlesen, machen Sie sich eines bewusst: Sie allein entscheiden, ob Sie sich heute ärgern oder nicht!

3. Emotionen in die Tat umsetzen – Was tun?

Jeder will etwas erreichen: das eigene Häuschen, eine Beförderung oder ein paar Kilo weniger auf der Waage. Die meisten unserer Ziele sind mit viel Arbeit und Ausdauer verbunden. Wir brauchen dafür die Fähigkeit, uns selbst zu motivieren. Wer es schafft, positive Gefühle in seinen Dienst zu stellen, sich über Etappensiege zu freuen und daraus neue Energie für das Gesamtziel zu schöpfen, wer Enthusiasmus und Lebensfreude in den Weg integrieren kann, der wird sicher ankommen.

Prominente Zitate

»Ein Optimist ist jemand, der genau weiß, wie traurig die Welt sein kann, während ein Pessimist täglich neu zu dieser Erkenntnis gelangt.«
Sir Peter Ustinov

»Ein Optimist ist ein Mensch, der alles halb so schlimm oder doppelt so gut findet.«
Heinz Rühmann

Emotionen abrufen

Freude, Liebe oder Hoffnung – wir kennen diese Emotionen, weil wir sie alle schon erlebt haben. Wir sollten versuchen, positive Emotionen bewusst abzurufen und sie gezielt einzusetzen. Ein Beispiel: Sie planen einen Kindergeburtstag mit vielen Gästen. Jede Menge Arbeit liegt vor Ihnen und Sie haben überhaupt keine Lust. Sie haben jetzt die Wahl: Konzentrieren Sie sich in Ihrer Vorstellung auf die Anstrengungen, die vor Ihnen liegen, oder auf das Ergebnis? Ganz klar: Sie nehmen den positiven Weg und stellen sich die Freude der Kinder über den selbst gebackenen Kuchen vor und den Spaß, den alle mit den Spielen haben werden. So entstehen Glücksgefühle, die Sie zum Organisieren und Vorbereiten motivieren.

Optimisten gewinnen

Vor schwierigen Herausforderungen nicht zu kapitulieren, erfordert vor allem Zuversicht. Wer optimistisch an eine Sache herangeht, sich nicht entmutigen lässt, auf sich und seine Fähigkeiten und vielleicht auch ein bisschen auf sein Glück vertrauen kann, hat den Sieg schon halb in der Tasche. Hoffnung und Optimismus hängen eng mit der Überzeugung zusammen, dass jeder seinen Erfolg selbst beeinflussen kann. Optimisten sehen die Welt keineswegs immer nur rosa. Sie legen ihr Augenmerk nur verstärkt auf die positiven Dinge und geben diesen mehr Bedeutung als den negativen. Und das kann man lernen.

Positives Denken

Versuchen Sie, sich verstärkt auf die erfreulichen Dinge Ihres Lebens zu konzentrieren. Wenn Sie denken: »Das Konto ist überzogen, die Kinder streiten schon wieder, der Nachbar hat ein neues Auto und wir immer noch die alte Möhre«, ist Frust vorprogrammiert. Dabei gibt es in Ihrem Leben sicher viele positive Aspekte: Ihre Tochter hat vielleicht heute eine 1 nach Hause gebracht, Ihnen ist ein schwieriges Rezept perfekt gelungen, am Wochenende macht die ganze Familie einen tollen Ausflug, Ihre Wohnung sieht im Sonnenschein wunderschön aus ...

Selbstbeherrschung

Wenn Sie an einer langweiligen Arbeit sitzen, wird immer wieder mal das Bedürfnis aufkommen, einfach alles in die Ecke zu pfeffern. Bei dem Versuch, ein komplexes Problem zu lösen, kann Sie zwischendrin ein Gefühl der Hoffnungslosigkeit überfallen. Der Trick ist, diesen Gefühlen nicht nachzugeben. Es mag im Moment verlockender erscheinen, den Nachmittag in der Sonne zu verbringen. Aber wenn Sie an das Ergebnis Ihrer Bemühungen denken, fällt Ihnen der nächste Schritt in Richtung Ziel wieder leicht.

»Freude muss gelernt werden. Man sollte sich auch über die kleinen Dinge im Leben freuen können. Ich als Mutter versuche den Kindern immer das Gute, das wir haben, vor Augen zu halten.«
Emilia Brahimi
aus Paderborn

4. Die Emotionen der anderen erkennen – Was fühlst du?

Empathie ist die Fähigkeit, sich in andere hineinversetzen zu können. Die Wahrnehmung der eigenen Gefühle ist die Voraussetzung: Je offener ein Mensch für seine eigene emotionale Welt ist, desto empfindsamer wird er für die anderer Menschen sein. Egal ob in der Familie oder im Beruf – empathische Fähigkeiten sind in allen Lebensbereichen wichtig.

Du und ich

Die Fähigkeit zur Anteilnahme, das Verständnis für die Sorgen anderer oder das Vermögen, sich mitfreuen zu können – das sind unverzichtbare soziale Kompetenzen. Für den Menschen als soziales Wesen ist es wichtig, sensibel und aufmerksam mit seinen Mitmenschen umgehen zu können, ihr Denken und Fühlen zu respektieren und angemessen darauf zu reagieren.

Gefühle erkennen – aber woran?

Nur selten drücken Menschen ihre Emotionen in Worten aus. Gefühle suchen sich vor allem eine nonverbale Ausdrucksform: einen Gesichtsausdruck, den Klang einer Stimme, eine Bewegung, eine Körperhaltung oder einen Blick. Diese kleinen Zeichen gilt es wahrzunehmen und richtig zu deuten. Das läuft oft ganz unbewusst ab: Wir nehmen die Zeichen des anderen wahr und reagieren darauf. Doch Sie können auch ganz bewusst versuchen, Ihre Antennen auf Ihre Mitmenschen auszurichten. Sie werden staunen, was da alles bei Ihnen ankommt …

Die Kunst des Zuhörens

Auch wenn sich Gefühle unmittelbar vor allem über nonverbale Zeichen mitteilen, ist es ein wichtiger sozialer Prozess, über Gefühle zu sprechen. Wir zeigen Interesse an unseren Mitmenschen und bauen Brücken zueinander. Gespräche können Sie aktiv lenken, wenn Sie dabei gezielt Fragen stellen: »Was hast du dabei gedacht?« oder »Wie fühlt sich das an?«.

Vom Du zum Ich

Wer sich mit den Gefühlen anderer beschäftigt, kann eine Menge lernen, auch über sich selbst. Im Gespräch mit anderen ist es möglich, sich zu vergleichen: Wie würde ich an seiner Stelle empfinden? Warum reagiere ich so anders? Bin ich vielleicht zu schnell enttäuscht? Welche Strategien des Umgangs mit Gefühlen kennt der andere und was kann ich mir davon aneignen?

Intuition

Einfühlsame Menschen können oft intuitiv auf der Gefühlsebene erfassen, wo ihr Gegenüber sich emotional gerade befindet und was seine Beweggründe sind. Die Emotionen des anderen bringen in ihnen gleichsam etwas zum Schwingen und sie können dessen Empfindungen regelrecht mitfühlen. Haben Sie das auch schon erlebt? Dann wissen Sie auch, wie viel Nähe und Verständnis zwischen zwei Menschen entstehen kann.

Deine und meine Gefühle

Wir müssen die Gefühle der anderen nicht teilen, aber wir müssen sie respektieren. Menschen können die gleichen Situationen höchst unterschiedlich bewerten und völlig anders darauf reagieren. Wir werden zunächst immer von unseren eigenen Erfahrungen ausgehen. Doch um sich wirklich in einen anderen Menschen hineinversetzen zu können, müssen wir versuchen, die Sache wirklich aus seiner Perspektive zu betrachten, und unsere eigene dabei zunächst vergessen.

Herzensbildung

Sich in andere Menschen einfühlen zu können, hängt eng mit Kompetenzen wie Mitgefühl, Menschlichkeit, Kommunikationsfähigkeit und Takt zusammen. Das alles sind Fähigkeiten, die einen sozial kompetenten Menschen beschreiben und sich gut mit dem von Johann Wolfgang von Goethe geprägten Begriff der »Herzensbildung« zusammenfassen lassen. Diese Eigenschaften machen uns liebenswert. Und: Wenn wir sie anderen angedeihen lassen, wird vieles davon früher oder später wieder zu uns zurückkommen.

5. Beziehungen leben – Wie gehen wir miteinander um?

Kontakte zu anderen Menschen zu knüpfen und so zu gestalten, dass sie dauerhaft und tragfähig sind – das ist die Grundlage menschlichen Miteinanders.

Gefühle zeigen

Die eigenen Gefühle äußern zu können, ist wichtige Grundbedingung für fast jede menschliche Beziehung. In welchem Rahmen und auf welche Weise das angemessen ist, hängt unter anderem von den Normen der Gesellschaft ab – das sieht in Japan ganz anders aus als beispielsweise in Italien. Wir lernen im Laufe der Erziehung, was wir sagen dürfen und was wir lieber für uns behalten sollten. Aber erst wenn Sie Ihren Gefühlen Ausdruck verleihen, zeigen Sie, wer Sie sind und was Sie fühlen.

Emotionen sind ansteckend

Ein herzliches »Guten Morgen!« der Verkäuferin im Supermarkt kann uns heiter stimmen. Ein schlecht gelauntes, nörgeliges Kind wird früher oder später auch seine Mutter damit anstecken. Alle Menschen senden emotionale Signale aus und die Stimmung desjenigen, der seinen Gefühlen den stärksten Ausdruck gibt, wird sich dabei auf die anderen übertragen. Vielleicht können Sie diese Erkenntnis nutzen und das nächste Mal Ihre Umgebung mit Ihrer guten Laune anstecken?

»So wie wir in der Fahrschule lernen, ein Auto sicher im Verkehr zu steuern, und unseren Kindern das richtige Verhalten im Straßenverkehr beibringen, so müssen wir selbst den Umgang mit Gefühlen lernen, üben und unseren Kindern weitervermitteln.«
Cornelia Stekl aus Bad Wiessee

Die Zügel in der Hand

Menschen mit stark ausgeprägter sozialer Kompetenz sind in der Lage, andere und ihre Anstrengungen so zu koordinieren, dass sie sich zur Erreichung eines gemeinsamen Ziels zu einer Gruppe zusammenschließen. Wer hat in Ihrer Familie diese Fähigkeit, die Initiative zu ergreifen und andere zu inspirieren? Das können Sie gut an einem Vorhaben der ganzen Familie testen. Beim nächsten Mal hat dann vielleicht jemand anderer das Sagen – eine Möglichkeit für alle Familienmitglieder, sich zu erproben und zu trainieren.

Auf andere zugehen

In jeder Gemeinschaft sind Konflikte unvermeidlich. Zu den höchsten Leistungen sozialer Kompetenz gehört zweifellos, Konflikte im Sinne aller Beteiligten zu lösen. Um Beziehungen zu anderen Menschen zu knüpfen, ist eine Fähigkeit grundlegend: Auf andere zugehen zu können und seinen Mitmenschen offen zu begegnen. Das ist sicher auch eine Frage des Temperaments. Dem einen macht es nichts aus, selbst wildfremde Menschen anzusprechen, der andere hat schon Probleme, einen Nachbarn um einen Gefallen zu bitten. Wichtig ist, dass Sie Ihre empathischen Antennen auf Empfang stellen. Je besser Sie sich in den anderen hineinversetzen können, desto größer ist die Chance, positiv aufgenommen zu werden.

»Ich versuche, meinen Kindern die Sache zu erklären: Jeder hat andere Gefühle als man selbst. Aber auch jeder muss zu dem stehen, was er mit seinen Gefühlen anrichtet.« Beate Sievert aus Rheda-Wiedenbrück

Die Kunst der Entschuldigung

Vielen Menschen fällt es nicht leicht, sich bei einem anderen zu entschuldigen. Und doch ist es ein unverzichtbarer Bestandteil sozialen Miteinanders, mit gemachten Fehlern angemessen umgehen zu können. Eine Entschuldigung zeigt dem anderen, dass er wichtig ist und dass wir die Beziehung aufrechterhalten wollen. Mit einem ehrlichen »Es tut mir Leid!« können wir Streit beenden oder Missverständnisse ausräumen. Und Beziehungen können durch Entschuldigungen intensiver, ehrlicher und inniger werden.

Fehler eingestehen

Eine schwierige, aber unverzichtbare Station auf dem Weg zu emotionaler Kompetenz ist, sich eigene Fehler einzugestehen. Doch erst wenn wir das »Wie« und »Warum« wirklich verstehen, können wir den nächsten Schritt gehen, aufrichtiges Bedauern zu empfinden. Und das müssen wir den Betroffenen spüren lassen – mit einer Entschuldigung.

Entschuldige bitte!

Eine Entschuldigung fällt leichter, wenn Sie sich in die Lage des anderen versetzen: Wie würden Sie sich fühlen, wenn man Ihnen das angetan hätte? Können Sie verstehen, warum der andere so verletzt ist? Wie würden Sie bei einer Entschuldigung reagieren? Welche Konsequenzen würden Sie ziehen? Sie werden merken, wann Sie mit einem einfachen Überspielen der Sache nicht mehr weiterkommen. Und wenn Sie es einmal geschafft haben, sich zu entschuldigen, wird es Ihnen beim nächsten Mal schon viel leichter fallen.

Entschuldigen – aber richtig!

Eine Entschuldigung zählt nur, wenn echte Reue dahinter steckt. Und eine Entschuldigung sollte sich auf ein konkretes Verhalten beziehen. Nur so können Sie signalisieren, dass Sie wirklich verstanden haben, worum es dem anderen geht. Und, noch wichtiger: Lassen Sie Taten folgen. Sonst ist Ihre Entschuldigung ganz schnell bedeutungslos.

Verzeihen können

Ein häufiger Fehler ist, dass wir bei einer Entschuldigung zu schnell sagen »Ist schon vergessen!«, weil es vielleicht gerade am einfachsten ist. In Wirklichkeit tragen wir unseren Groll weiter mit uns herum. So kann die Entschuldigung ihren Zweck nicht erfüllen. Nehmen Sie eine Entschuldigung nur dann an, wenn Sie ganz versöhnt sind. Sie müssen dem anderen wirklich glauben, dass er es ernst meint und Ihre Sichtweise tatsächlich verstanden hat.

»Wir hatten vor Jahren eine Situation, als meine Tochter mich verbal so verletzt hatte, dass ich ihre Entschuldigung, die sie kurze Zeit später anbringen wollte, nicht annehmen konnte. Mir tat das sehr weh, aber in diesem Moment konnte ich sie einfach nicht in den Arm nehmen und sagen ›Ist schon wieder ok‹. Als ich mich ›stabilisiert‹ hatte, suchte ich das Gespräch mit meiner Tochter und erklärte ihr auch, warum ich sie in diesem Moment ›ablehnen‹ musste, danach konnten wir uns wieder in den Arm nehmen und keiner musste heucheln.«
Petra Reher aus Hennef

Gefühl für Kinder

Eltern werden ist nicht schwer ...

Eltern sein dagegen sehr. Dieser Reim trifft heute mehr denn je zu. In fast jeder Hinsicht haben es Eltern schwerer als früher. Der Autoverkehr macht es in den meisten Wohngebieten unmöglich, Kinder zum Spielen ohne Aufsicht ins Freie zu schicken. Eine lange Liste von Gefahren – wie Drogensucht, Gewalt auf dem Pausenhof, hohe Kriminalität an Kindern und durch Kinder – verunsichert viele Eltern. Außerdem gibt es keine verbindliche Vorstellung mehr davon, wie Kinder zu erziehen sind. Es gab Zeiten, in denen Sprüche wie »Ein gutes Kind hört man nicht« oder »Solange du deine Füße unter meinen Tisch streckst, tust du, was ich sage!« allgemein anerkannt waren.

Es gibt keine einfachen und allgemein anerkannten Regeln für die Erziehung mehr. Eltern kommen deshalb nicht daran vorbei, sich intensive Gedanken über die richtige Erziehung ihrer Kinder zu machen.

In einer demokratischen Gesellschaft sind andere Werte gefragt als in den Jahrhunderten zuvor. Die Kinder sollen zu teamfähigen, selbstbewussten Persönlichkeiten heranwachsen. Immer mehr Betriebe fordern, dass ihre Mitarbeiter selbständig sind, dennoch im Team arbeiten können, eigenverantwortlich Aufgaben übernehmen und trotzdem kollegial sind. Jedes einzelne Kind soll seine Anlagen entfalten und »das Beste« aus seinem Leben machen können. Dadurch ist Erziehung zu einer großen Aufgabe geworden, auf die sich viele Eltern nicht gut vorbereitet fühlen.

Hier setzt auch Daniel Goleman, ein »Pionier« der emotionalen Intelligenz, an. Die Erziehung der Kinder ist ihm ein wichtiges Anliegen. Er weist in seinem Standardwerk darauf hin, warum uns Eltern eine so wichtige Rolle zukommt:

»Die emotionalen Lektionen, die wir als Kinder zu Hause und in der Schule erteilt bekommen, prägen die emotionale Schaltung und sorgen dafür, dass wir, was die Grundlagen der emotionalen Intelligenz angeht, mehr oder weniger fähig – oder unfähig – sind.«[1]

»Seit der Geburt meiner beiden Mädchen spielen Gefühle und der Umgang beziehungsweise die Verarbeitung von Gefühlen eine große Rolle in meinem Leben.«
Doris Engler
aus Bernstadt

In zahlreichen Büchern und Aufsätzen haben seither andere Autoren, Pädagogen, Psychologen oder Mediziner, die relativ neuen Erkenntnisse der Hirnforscher über die Bedeutung der Emotionen aufgegriffen und Anregungen zur Erziehung gegeben. Fazit ist, dass neben der Ausbildung des Intellekts die »Herzensbildung« oder Entwicklung der emotionalen Intelligenz immer wichtiger wird.

1 *Daniel Goleman. Emotionale Intelligenz. Seite 14.*

Die Eltern als Vorbilder

Ein Wunder

Die erste Schwangerschaft ist für viele Eltern ein ganz besonderes Erlebnis. Je mehr sie von der Entwicklung des kleinen Wesens erfahren, umso wunderbarer finden sie das Werk der Natur. Auch wenn es paradox klingt, trägt die moderne Medizin in diesem Fall sogar dazu bei, dass wir das Entstehen eines neuen Erdenbürgers als ein echtes Wunder erleben. Wie soll sich die erdnussförmige Gestalt auf den ersten Ultraschallbildern in ein Menschenwesen verwandeln? Wenn später die Herztöne des Kindes hörbar oder die Bewegungen des Kindes im Mutterleib auch für den Vater sicht- und spürbar werden, dann durchleben die meisten Eltern bislang unbekannte Glücksgefühle. In vielen Fotoalben kleben heute die Ultraschallbilder, auf denen das ungeborene Kind bereits am Daumen lutscht – oder angeblich schon die typische Nase eines Familienmitglieds aufweist. Ist das Baby geboren, haben Eltern immer wieder Momente dieses unbeschreiblichen Glücks – das ist mein Kind, ein Stück von mir und doch ein eigener Mensch. Im Umgang mit Kindern spielen tiefe Gefühle von Anfang an eine große Rolle.

»Es sind riesige Lernerfahrungen, die ich mit meinen Kindern machen darf. ... Wir lernen auch wieder, uns selbst wahrzunehmen, achtsamer mit unseren Gefühlen umzugehen. Dann sind wir auch in der Lage, die Gefühle unserer Kinder zu verstehen und ihnen achtsam zu begegnen. Es funktioniert nach dem Prinzip Ursache – Wirkung.«
Kerstin Rudolph aus Aalen

Glücksgefühle sind jedoch leider nur die eine Seite. Auf der anderen Seite bringen Kinder uns immer wieder an unsere Grenzen. Wann haben wir uns je so viele Sorgen gemacht wie an dem Tag, als die jugendliche Tochter zum ersten Mal zu spät nach Hause kam? Wann wurde unsere Geduld je zuvor so strapaziert wie durch ein trotziges Kleinkind? Der Stress, den besonders Eltern von kleinen Kindern erleben, spiegelt sich sogar in den außerordentlich hohen Scheidungsraten dieser Gruppe wider. Die Frage ist, ob das so sein muss oder ob es Wege zu einem gefühlsbetonteren Umgang mit unseren Kindern gibt, einem Umgang, der die Intelligenz des Herzens einschließt. Mit der Intelligenz des Herzens können wir viel Stress vermeiden und neue Anregungen und Impulse für ein harmonisches Familienleben bekommen. Patentrezepte gibt es jedoch nicht. Und harte Arbeit an sich selbst gehört dazu.

Unsere kluge Sprache

Wir »stehen neben uns«, sind aus »der Haut gefahren«, »aus der Rolle gefallen«, »außer uns vor Wut« oder in »ein schlechtes Fahrwasser geraten«. Alle diese Redewendungen wollen glauben machen, dass wir selbst mit den Folgen unseres Handelns nichts zu tun haben – denn wir sind ja nicht mehr in unserer Haut. Wir sind von unseren Emotionen überwältigt worden – und haben die Situation nicht mehr unter Kontrolle. Stress oder Wut übernehmen die Regie. Wer das erkennt, hat jedoch die Möglichkeit, Wege zu suchen, um nicht immer ins gleiche schlechte Fahrwasser zu geraten. Auch Eltern brauchen ab und zu eine Erholungspause, Zeit, um wieder zu sich zu kommen oder in sich zu gehen. Zeit, um aufzutanken und umzudenken.

Erst die Eltern, dann das Kind ...

Wer gefühlsbetont erziehen möchte, muss bei sich selbst anfangen. Denn wer sich schon über die eigenen Gefühle nicht im Klaren ist, dem wird es schwer fallen, die Gefühle des Kindes nachzuvollziehen. Alle Eltern haben schon erlebt, dass sie ihrem Kind in der einen oder anderen Situation nicht gerecht geworden sind. Meistens ist das so, wenn wir unter Stress stehen. Da wird das Kind schnell für eine Handlung ausgeschimpft, die wir in ruhigen Momenten vielleicht sogar loben würden. Wir fühlen uns provoziert vom Verhalten des Kindes und nehmen an, dass es uns bewusst ärgern will. Erst wenn wir innehalten und überlegen:

1. *was mit uns selbst los ist, was wir fühlen, warum wir dabei sind, die Fassung zu verlieren;*
2. *wie sich das Kind gerade fühlt,*

können wir im dritten Schritt eine Lösung suchen, die uns gut tut, aber auch die Gefühle des Kindes berücksichtigt.

Ein typischer Fall ...

Mutter und Kind haben einen Arzttermin. Die Zeit ist knapp, ein wichtiges Telefonat hält die Mutter länger als geplant auf. Jetzt muss das Kind »funktionieren«. Doch es ist so in sein Spiel vertieft, dass es nicht auf das Rufen der Mutter reagiert. Unter normalen Umständen würde sich die Mutter freuen, dass ihr 6-jähriges Kind sich allein beschäftigen kann. Sie würde es loben, weil es eine wunderschöne Phantasielandschaft aufgebaut hat. Nun aber ist alles anders. Der Stresspegel der Mutter ist zu hoch, um auf das Kind eingehen zu können. Sie erkennt nicht, dass das Kind nichts für die Verzögerung kann – und seinerseits einen Grund hat, wütend über die abrupte Unterbrechung des Spiels zu sein. Die Mutter schimpft und zieht das weinende Kind schließlich ungeduldig hinter sich her.

Wie würde eine bessere Lösung für unser Beispiel aussehen?

Die Mutter müsste

1. erkennen, was mit ihr selbst los ist: »Ich fühle mich unter Druck, weil ich den Termin nicht halten kann. Das Telefonat mit dem Bankberater hat mich aufgehalten. Ich hasse es, zu spät zu kommen.«
2. verstehen, wie sich das Kind fühlt: Es ist ganz in seiner schönen Welt versunken, ahnt nichts von der Zeitnot der Mutter – und fühlt sich gestört. Klar, dass es selbst auch ärgerlich reagiert.
3. eine Lösung finden, die beiden gerecht wird: Die Mutter könnte beim Arzt anrufen und die Verspätung ankündigen. Vielleicht würde sie dann erfahren, dass die Praxis ohnehin voll ist und sich der Termin verschiebt. Jetzt könnte sie in Ruhe auf das Kind eingehen, seine aufgebaute Landschaft bestaunen und ihm mitteilen, dass es sein schönes Spiel leider trotzdem unterbrechen muss. Das Kind würde jammern und betteln, noch länger spielen zu dürfen, also müsste ein Kompromiss gefunden werden: »Wir lassen deine Landschaft so stehen. Ich freue mich, wenn du mir nach dem Arztbesuch erklärst, was du dir beim Bauen gedacht hast. Du kannst dann auch sofort weiterspielen, versprochen!« Danach könnten die beiden wesentlich entspannter aufbrechen.

Harte Arbeit

Machen wir uns nichts vor: Die meisten Menschen sind unter Stress nicht dazu in der Lage, so besonnen vorzugehen. Sogar wenn wir erkennen, wie Konflikte entstehen, ist es noch ein langer Weg, bis es gelingt, unsere automatischen Handlungsmuster zu durchbrechen. Aber die Mühe lohnt sich!

Wechselspiel

Wenn wir es schaffen, selbst emotional intelligent zu handeln, können wir viele unnötige Konflikte mit unseren Kindern vermeiden. Wir finden mit der Zeit immer bessere Lösungen für verschiedene Situationen im Alltag. Einerseits hilft uns das, Stressfaktoren zu verringern und zufriedener mit unserer Erziehungsarbeit zu sein. Andererseits leben wir unseren Kindern vor, wie man gut mit Gefühlen umgeht. Und unser Vorbild ist die beste Schule für unsere Kinder.

»Mit Freuden sehe ich, dass durch mein verändertes Verhalten in meinem Leben viele Veränderungen eingetreten sind. Die Pflänzchen sind noch klein und empfindlich, doch die gesunden Veränderungen sind spürbar. Meine Kinder gehen mit mir. Ich hatte die Chance, die Struktur, aus der ich komme, nicht weiterzugeben, sondern vom Karussell abzusteigen. Keine Lügen mehr, sondern Ehrlichkeit und Vertrauen. Dadurch lernen die Kinder über meine veränderten Verhaltensweisen gesündere Strukturen. Diese machen sich bemerkbar, insofern sie so gut wie nicht mehr krank, fröhlicher und aufgeschlossener sind.«
Eine 45-jährige Mutter aus Nordrhein-Westfalen.

Wir sind das Vorbild

Erziehen ist eine aktive Tätigkeit: Handeln ist wichtiger als Erklären. Wir können unseren Kindern zwar immer wieder sagen, dass sie mit ihrer Wut angemessen umgehen sollen. Viel wichtiger und wirkungsvoller als alle Worte ist jedoch, was wir tun. Wie reagiere ich selbst, wenn ich wütend bin? Knallen Türen, fliegen Tassen an die Wand? Müssen meine Kinder mit Ohrfeigen rechnen? Zur aktiven Erziehungsarbeit gehört, dass wir ständig an unserem Verhalten arbeiten, denn es prägt unsere Kinder stärker als alle guten Worte. Kinder übernehmen unsere Handlungsmuster. Wenn sie selbst erwachsen sind, wird es ihnen schwer fallen, diese tiefe Prägung zu überwinden. Darum gilt auch hier: Die Arbeit an uns selbst ist die Voraussetzung für unsere Arbeit als Erzieher.

Was Empathie im Umgang mit Kindern bewirkt

Wenn wir jeden Tag mehrmals in Wut oder zumindest unter Druck geraten, weil wir uns vom Verhalten der Kinder provoziert fühlen, ist es natürlich eine große Herausforderung, immer ruhig und gelassen zu bleiben. Daher ist es hilfreich, möglichst viele Stressfaktoren im Umgang mit unseren Kindern von vornherein auszuschalten. Ein Mittel dazu ist die Empathie. Stellen wir uns folgende Situation vor: Ein 2-jähriges Kind ist nach einem Tag voller Aktivitäten im Tierpark müde und überfordert. In diesem Alter ist es ihm nicht möglich, klar zu erkennen und in Worte zu fassen, wie es sich fühlt. Es kann sich auch nicht selbst helfen. Es fühlt sich einfach unwohl und beginnt zu jammern. Nichts ist ihm mehr recht, es wird gereizt und ist schlechter Laune.

Zwei Wege

Der Vater erlebt, dass das Kind, dem er mit dem Ausflug eine Freude machen wollte, plötzlich quengelig wird. Die Reaktion des Kindes kann er nicht nachvollziehen. Er hält das Kind möglicherweise für undankbar: »Da unternehme ich etwas Tolles mit dir und du benimmst dich so!« Das hilft dem Kind nicht, es jammert heftiger. Der Vater gerät unter Druck. Was mache ich jetzt, warum hört das Kind nicht auf, mich zu nerven? Alle Leute schauen schon zu uns. Das bringt den Vater schließlich so aus der Fassung, dass er das Kind anschreit und ihm androht, nie wieder etwas mit ihm zu unternehmen, wenn es jetzt nicht sofort lieb ist. Das Kind weint, es fühlt sich überfordert und dazu von seinem Vater unverstanden.

Die bessere Handlungsalternative ist mit Einfühlungsvermögen verbunden: Dem Vater ist klar, dass der Tag zwar schön, aber doch sehr anstrengend für sein Kind war. Er kann sich in das Kind hineinversetzen und sich vorstellen, dass es müde sein muss. Das Jammern und Quengeln versteht er deshalb als Ausdruck von Müdigkeit. Ihm ist klar, dass das Kind ihn nicht ärgern will, sondern im Gegenteil jetzt die Hilfe eines Erwachsenen braucht. Er nimmt das Kind in den Arm, tröstet es und überlegt, wo es möglichst bald zur Ruhe kommen kann. Die Zwischenzeit verbringt er damit, das Kind auf dem Arm zu halten, möglichst wenig von ihm zu verlangen und es zu beruhigen.

»Lernen durch Vorbilder scheint mir sehr, sehr wichtig. Wie wir als Ehe- und Elternpaar miteinander umgehen, aber auch wie wir mit den Großeltern und anderen Menschen in unserem Umfeld umgehen, speichern unsere Kinder tief in ihrem Inneren ab und bedienen sich bei Bedarf dieser ›gelernten Verhaltensweisen‹.«
Susanne Beck aus Augsburg

Trennen von Ich und Du

Eine hilfreiche Technik in solchen stressgeladenen Situationen mit Kindern ist die klare Trennung von Ich und Du. Hier bin ich mit meinen Gefühlen – da bist du mit deinen ganz anderen Gefühlen. Genau wie gute Laune wirkt nämlich auch schlechte ansteckend. Ein wütendes Kind treibt auch uns den Blutdruck in die Höhe. Damit ist aber leider wenig gewonnen. Wenn Sie merken, dass Gefühle des Kindes wie Wut, Ärger oder schlechte Laune auf Sie überspringen, dann ziehen Sie die Notbremse. Nicht Sie sind wütend, sondern das Kind. Versuchen Sie, die Situation von außen zu betrachten, als seien Sie ganz wörtlich »aus der Haut gefahren«. Sie stehen dann »neben sich« und beobachten, wie Sie selbst fröhlich mit einer Arbeit beschäftigt sind, während das Kind einen Wutausbruch bekommt. Von »außen« betrachtet wird deutlich, dass die Gefühle des Kindes gar nichts mit Ihnen zu tun haben. Atmen Sie also lieber zweimal ruhig durch, bevor Sie handeln. Erst wenn Sie sicher sind, dass Ihnen die Trennung von Ich und Du gelingt, gehen Sie auf das Kind ein. Es wird Ihnen dann viel leichter fallen, sich in das Kind einzufühlen und zu verstehen, warum es so wütend ist und wie man ihm vielleicht helfen kann.

»Wenn ich mit meiner Tochter zusammen bin und bemerke, dass sie sehr unausgeglichen ist, dann schaue ich erst mich an und stelle fest, dass ich es ebenfalls bin. Dann nehme ich mir eine Auszeit, es reichen oft 10 Minuten, um wieder zur Ruhe zu finden. Wenn ich dann wieder mit meiner Tochter zusammen bin, stelle ich fest, wie sie auch wieder ruhiger wird. Ein Kind nimmt intuitiv unsere bewussten und unbewussten Signale auf.«
Kerstin Rudolph aus Aalen

»Da ich selbst ein Mensch bin, der seine Gefühle nicht verbergen kann und sie gerne auslebt, stoße ich auch immer wieder auf viele Emotionen meines Gegenübers. So ernte ich an einem Tag, an dem ich schlechter Laune bin und meine Toleranzgrenze vergleichsweise unten angesiedelt ist, meist auch ein gereiztes Verhalten meiner Kinder.«
Christa Kolfenbach aus Bonn

Meine, deine, unsere Gefühle

Diese Trennung von Ich und Du ist deshalb so schwierig, weil uns Menschen das Mitfühlen angeboren ist. Daniel Goleman[2] beschreibt, dass schon Babys auf die Gefühlsäußerungen anderer Babys reagieren. Bereits wenige Monate nach der Geburt weinen sie mit, wenn andere Kinder es tun. Man kann deshalb wirklich davon sprechen, dass die Gefühle anderer Menschen ansteckend sind. Die Stimmung in einem Raum voller Menschen überträgt sich unbemerkt auf alle, die neu hinzukommen. Um fruchtlose Konflikte mit unseren Kindern zu vermeiden, müssen wir also sehr bewusst gegen unsere innere Programmierung vorgehen, damit die Trennung von Ich und Du gelingt.

Umgekehrt bleibt unsere eigene Laune auch nicht ohne Wirkung auf die Kinder. Sie nehmen unsere Unruhe oder Unzufriedenheit wahr, selbst wenn wir alles tun, um sie zu verbergen.

Ehrlichkeit

Von Kindern wird natürlich niemand verlangen, dass sie daran arbeiten, ihre Gefühle von denen der Eltern zu trennen. Hier sind wir Eltern ganz allein gefragt. In vielen Fällen ist eine »Auszeit« sicher eine gute Lösung. In anderen Situationen hilft Ehrlichkeit weiter. Kinder können durchaus verstehen, dass Mama oder Papa auch mal wütend sind. Dann ist es ratsam, den Kindern kurz zu erklären, worüber man sich geärgert hat – und dass man eine Zeit lang nicht angesprochen werden möchte. Zum ehrlichen Umgang mit Emotionen gehört ebenfalls, sich nach einem Wutausbruch zu entschuldigen. Die meisten Menschen fühlen sich nicht gut, wenn sie aus der Haut gefahren sind. Warum sollten wir das nicht zugeben und den Kindern gegenüber sagen: »Es tut mir Leid, dass ich mich so schlecht benommen habe. Ich war zu wütend um nachzudenken. Vielleicht schaffe ich es beim nächsten Mal besser.« Denken wir immer daran, dass unser Vorbild prägt.

2 Daniel Goleman. Emotionale Intelligenz. Seite 130.

Kindgerechtt bleiben

Ehrlich im Umgang mit Gefühlen zu sein, ist gut. Dabei sollten Sie jedoch die Entwicklungsstufe des Kindes im Auge behalten. Gerade bei schwerwiegenden Eheproblemen oder Angst um die Arbeitsstelle ist die Gefahr groß, den Kindern zu viel mitzuteilen. Kinder sind damit überfordert, die Probleme einer Paarbeziehung oder die Existenzangst der Eltern zum Beispiel bei drohender Arbeitslosigkeit zu erfassen. Ehrlichkeit heißt in solchen Fällen, dem Kind in einfachen Worten mitzuteilen, dass man traurig ist, weil der Partner nicht mehr da ist oder dass man sich Sorgen macht, weil die Arbeitsstelle in Gefahr ist. Es geht darum, die Kinder über den eigenen Gefühlszustand zu informieren. Für tiefgehende Gespräche über die eigenen Ängste, die Gründe für das Scheitern der Ehe oder ähnliche Dinge sind Kinder jedoch nicht die richtigen Zuhörer.

»Hätten wir nicht von Anfang an offen miteinander geredet, unsere Wut rausgelassen auch ohne zu schreien, uns unsere Ängste offen mitgeteilt, dann hätte ich jetzt sicherlich nicht so ein tolles, wundervolles Mädchen!«
Annette Kopp aus Nottuln

»... wenn es in einer Familie ›kunterbunt‹ (mein Lieblingswort für lebendig, laut, lustig, selbstbewusst, trotzig, wütend ...) zugeht, dann ist das ein Zeichen für Lebendigkeit und Gleichberechtigung in der Familie.«
Doris Engler aus Bernstadt

Umgang mit den Gefühlen der Kinder

Hilfe, mein Kind hat ein Problem!

Unseren Kindern soll es gut gehen. Wir möchten alles tun, damit sie ohne Probleme und Sorgen aufwachsen können. Da trifft es uns manchmal wie ein Blitz, wenn sie wütend, verzweifelt oder traurig sind und laut weinen oder schreien. Haben wir etwas falsch gemacht? Hat das Kind einen Grund, so verzweifelt zu sein? Der amerikanische Psychologe John Gottman rät, sich von der Annahme zu befreien, man habe versagt, wenn das Kind traurig oder verzweifelt ist.[3] Es ist nicht unsere Aufgabe als Eltern, die Kinder vor negativen Gefühlen zu beschützen. Gefühle – positive und negative – gehören einfach zum Leben dazu.

3 John Gottman. Kinder brauchen emotionale Intelligenz. Seite 128.

»Gefühle unterscheiden den Menschen von Maschinen. Gefühle machen das Leben abwechslungsreich. Ohne Gefühle würde eine Leere in uns entstehen. ... Mit Gefühlen spürt man das Leben. Man spürt sein Herz warm oder kalt werden. ... Erst ein Kind, das Gefühle erlebt hat, kann damit umgehen (erst wer die Liebe kennenlernte, weiß, was Liebeskummer bedeutet).«
Christine Grote aus Offenbach am Main

Nicht die Gefühle sind das Problem

Wenn wir es also mit trotzigen, weinenden oder schreienden Kindern zu tun haben, sollten wir uns immer wieder klar machen, dass nicht die Gefühle das Problem darstellen. Es ist durchaus verständlich und richtig, dass die Tochter wütend ist, wenn der kleine Bruder ihrer Lieblingspuppe einen Arm ausgerissen hat. Das muss das Mädchen zuerst auch bestätigend vermittelt bekommen: »Anna, ich verstehe, dass du wütend bist, weil Tim deine Puppe kaputt gemacht hat. Ich wäre auch sehr wütend, wenn mir so etwas passieren würde!« Erst dann kommt der Punkt, den wir als Eltern und Erzieher allzu oft in den Vordergrund stellen: das unangemessene Verhalten des Kindes. Häufig vergessen wir darüber, dass das Kind einen guten Grund hat, zornig oder wütend zu sein. Natürlich müssen wir dem Kind klar machen, dass es zum Beispiel den kleinen Bruder nicht hauen oder etwas von ihm kaputt machen darf. Aber wir sollten im Auge behalten, dass das Gefühl der Wut die eine Seite ist und die unangemessene Handlungsweise die andere Seite. Nachdem wir also bestätigt haben, dass das Kind durchaus einen berechtigten Grund hat, wütend zu sein, können wir deutlich machen, dass Hauen keine gute Lösung ist.

Die Welt mit Kinderaugen sehen

Nicht immer sind die Gefühle der Kinder für uns so einfach nachzuvollziehen. Ein durchgebrochenes Holzstäbchen kann doch nicht im Ernst so schlimm sein, denken wir – und fühlen uns von dem heftigen Gefühlsausbruch unseres 3-Jährigen über dieses vermeintliche Unglück provoziert. Ob uns das Kind mit seinem Geschrei nicht bloß ärgern will? Hier müssen wir umdenken. Ein zerbrochener Holzstab, der eben noch als wunderbarer Zauberstab oder als goldene Lanze für ein schönes Spiel zum Einsatz kam, ist für ein Kleinkind eine kleine Katastrophe. Es ist wirklich verzweifelt und traurig darüber und zeigt uns das mit seinen Mitteln. Wenn ein Erwachsener seine tiefe Verzweiflung ausdrückt, würden wir ihn weder ausschimpfen noch auslachen. Unser Mitgefühl, unsere Empathie wären gefragt. Das Einfühlen in die Perspektive von Babys und kleinen Kindern ist natürlich schwieriger. Wir müssen versuchen, die Welt mit Kinderaugen zu sehen.

Bestätigung

Wenn der erste Ausbruch der Wut, der Trauer oder der Verzweiflung vorbei ist, können Sie dem Kind Ihre Anteilnahme dadurch signalisieren, dass Sie einfach feststellen, was Sie an ihm beobachten: »Ich sehe, dass du gerade sehr traurig bist. Was ist denn passiert?« Hören Sie ruhig zu, während das Kind erzählt, und fassen Sie anschließend die Kernpunkte zusammen: »Du hast also einen tollen Turm gebaut. Als du dein Lieblingsauto davor einparken wolltest, bist du an den Turm gestoßen und er ist umgestürzt. Nun bist du sehr traurig, weil der Turm so schön war und du meinst, dass du ihn so nicht mehr aufbauen kannst. Ist es so?« Es ist wichtig, dass Sie auch die Gefühle des Kindes benennen. So lernt es allmählich, seine eigenen Empfindungen einzuordnen und zu verstehen. Der bewusste Umgang mit Gefühlen ist schließlich der Schlüssel zur emotionalen Intelligenz. Für Ihr Kind ist es außerdem eine gute Erfahrung, verstanden zu werden.

Manche Probleme lassen sich bereits an dieser Stelle lösen. Das Kind fühlt sich akzeptiert und geliebt, wenn die Eltern verstehen, was in ihm vorgeht. Das macht stark und hilft, eigene Lösungen zu entwickeln: »Ach weißt du, Papi, ich baue einfach einen neuen Turm. Aber diesmal mache ich ihn unten herum stabiler, damit er nicht gleich wieder einstürzt.« In anderen Momenten braucht das Kind ein bisschen Unterstützung, um eine Lösung zu finden, oder es möchte die entstandene Nähe zu den Eltern noch länger genießen und sich trösten lassen, ohne eine Lösung zu suchen.

Eine günstige Gelegenheit

Viele Erwachsene erinnern sich gerne daran zurück, wie sie sich in ihrer Kindheit bei der Mutter, dem Opa oder der Oma zärtlichen Trost holen durften, wenn sie Kummer hatten. Solche Momente bedeuten also eine günstige Gelegenheit, dem Kind nahe zu kommen.

»Wenn ich eines der oben genannten (negativen) Gefühle bei meinen Kindern erlebe, bestätige ich grundsätzlich meine Beobachtung: ›Ja, ich sehe, erlebe, dass du ängstlich, sehr wütend, zornig, traurig, neidisch ... bist, und kann das total gut nachvollziehen.‹ Dann gebe ich den Kindern Zeit für diese Gefühle und versuche zu vermeiden, diese Gefühlssituation runterzubrechen im Sinne von: ›Jetzt ist es aber wieder gut.‹.«

Susanne Beck aus Augsburg

Gefühle beim Namen nennen

Gefühle beim Namen zu nennen, hilft, sie einzugrenzen und mit ihnen umgehen zu können. Stellen Sie sich vor, was ein kleines Kind empfinden muss, das auf einmal von heftigen Gefühlen überwältigt wird. Es kann nicht einschätzen, was mit ihm geschieht, und bekommt vielleicht sogar Angst vor den Turbulenzen in seinem Inneren. Nach außen hin tobt und schreit es deshalb immer lauter. Da kommt ein einfühlsamer Erwachsener und bietet ihm einen Begriff für die dunklen Empfindungen in seinem Innern: »Bist du eifersüchtig, weil nur deine Schwester einen Lutscher bekommen hat?«

Eifersüchtig, traurig, wütend, zornig, verzweifelt, ängstlich, enttäuscht – bieten Sie Ihrem Kind möglichst treffende Begriffe an. Je besser es seine eigenen Gefühle benennen kann, desto klüger wird es damit umzugehen lernen. Das Kind weiß nun, dass der Aufruhr in seinem Inneren einen Namen hat. Es versteht allmählich, dass auch andere Menschen solche Gefühle haben. Dazu kann es hilfreich sein, dem Kind bestätigend zu erzählen, dass man selbst auch schon einmal zum Beispiel eifersüchtig war: »Du weißt ja, dass ich drei jüngere Geschwister habe. Als wir Kinder waren, habe ich mich auch verletzt gefühlt, wenn meine Mutter sich mit einem meiner Geschwister beschäftigte, ich aber auch ihre Aufmerksamkeit wollte. Ich verstehe dich also wirklich gut.«

Eifersucht

Der Umgang mit einem Gefühl wie Eifersucht wird einfacher, wenn wir uns Gedanken über seine Entstehung und seine Bedeutung machen. Die meisten Menschen bringen Eifersucht sicher spontan mit Liebe in Verbindung. Unter Liebenden ist die Eifersucht ein Gefühl der Unsicherheit, der Angst um den Bestand der Liebe. Als Bedrohung für die Liebe wird ein Dritter empfunden, dem sich der Partner wirklich – oder vermeintlich – zuwendet. Das ist bei Kindern ganz ähnlich. Wenn sie eifersüchtig sind, fürchten sie sich vor dem Verlust der elterlichen Liebe. So steht Eifersucht also im Fadenkreuz zwischen Liebe und Angst vor dem Verlust eben dieser Liebe. Eifersucht rückt unter Geschwistern auch häufig in die Nähe von Neid. Sie ist dann gewissermaßen Neid auf die Liebe der Eltern zum Geschwisterkind. Wer der Eifersucht entgegentreten will, muss also hier, an der Angst vor dem Liebesverlust, ansetzen.

Dennoch wird es uns beim besten Willen und mit allen guten Vorsätzen nie ganz gelingen, Eifersucht unter Geschwistern zu vermeiden. Wir können als Eltern daran arbeiten, die Eifersucht der Geschwister aufeinander nicht zu verstärken. Wir können uns mit dem Verhalten des eifersüchtigen Kindes auseinandersetzen. Aber grundsätzlich gilt es, die Existenz der Eifersucht zu akzeptieren.

Gegen Eifersucht hilft:

- die Geschwisterkinder nicht miteinander vergleichen
- bei Streitigkeiten unter den Geschwistern möglichst neutral bleiben und nicht automatisch eines der Kinder – zum Beispiel das jüngste – in Schutz nehmen
- die Großeltern und andere Besucher bitten, dass sie sich nicht nur auf das kleine Geschwisterchen stürzen, sondern auch das ältere Kind / die älteren Kinder beachten
- allen Kindern Zärtlichkeit geben, nicht nur den jüngsten
- die Rechte der größeren Kinder wahren (eine Ecke im Haus oder in der Wohnung, in der sie ungestört spielen und bauen können, ohne dass ein kleines Geschwisterchen alles zerstört)
- manchmal bewusst etwas mit jedem Kind allein unternehmen, damit es die ungeteilte Aufmerksamkeit eines Elternteils genießen kann.

Angst

Die Angst gehört ebenfalls zu den Gefühlen, die wir als »negativ« empfinden und am liebsten ausschalten würden. Dabei ist sie eines der wichtigsten Gefühle, die wir besitzen. Wenn wir zum Beispiel keine Angst vor einem Unfall hätten, würden wir uns leichtsinnig im Straßenverkehr bewegen und uns und andere Menschen gefährden. Die Angst warnt uns also vor Gefahren. Manchmal macht sie sich jedoch selbständig und lähmt uns, wo sie uns doch eigentlich zu schnellem Handeln verhelfen sollte.

Bei Kindern nehmen Ängste in bestimmten Entwicklungsstufen überhand, weil sie einzelne Informationen oder Erlebnisse noch nicht richtig einordnen können. Der 5-Jährige, der seit zwei Jahren ohne Probleme den Kindergarten besucht hat, weigert sich von einem Tag zum anderen, die Mutter gehen zu lassen. Vor der Kindergartentür spielt sich jeden Morgen ein Drama ab. Die Mutter ist ratlos. Eines Tages erklärt das Kind beim Einschlafen, als die Mutter es in den Arm nimmt und eine ruhige, vertrauliche Stimmung herrscht: »Mama, ich habe Angst, dass dir was passiert, während ich im Kindergarten bin. Du könntest im Aufzug stecken bleiben oder in ein Kanalloch fallen! Und was wird dann aus mir? Wer holt mich dann vom Kindergarten ab?«

»Wenn ein Kind zu mir kommt und hat Angst, nützt es meiner Meinung nach nichts, ihm lang und breit zu erklären, warum es keine Angst zu haben braucht. Zunächst nehme ich es in den Arm, drücke es vielleicht ganz fest an mich und gebe ihm zu verstehen, dass ich seine Angst ernst nehme, mit ihm aushalte, und erst im zweiten Schritt, im Gespräch miteinander, versuchen wir dann herauszufinden, was ihm helfen könnte, besser mit der Angst fertig zu werden.« Ulrike Jakobs aus Saarwellingen

Das Kind hat im Vergleich zu den beiden Jahren vorher, als es ohne Ängste in den Kindergarten ging, eine neue Entwicklungsstufe erreicht. Es erkennt plötzlich, dass die Mutter wie alle Menschen verletzlich ist. Ein Unglück der Mutter bezieht es direkt auf sich. Was wird aus mir? Ich bin dann ganz allein auf der Welt, der Kindergarten schließt um fünf Uhr – und ich werde draußen stehen und frieren und keiner holt mich ab. Verständlich, dass es panische Angst hat, die Mutter gehen zu lassen. Sein Wissen über die Welt ist noch unvollständig. Die Mutter könnte dem Jungen also erklären, dass die Kindergärtnerinnen ihn niemals allein vor die Tür des Kindergartens stellen würden. Sie haben doch die Telefonnummern der Oma oder einer guten Freundin von Mama. Die könnten dann angerufen werden und den Jungen holen. Von allein kommt ein Kind nicht auf solche Lösungen, die uns Erwachsenen selbstverständlich sind.

Keine Patentrezepte

Kinder durchleben ganz verschiedene Formen der Angst. Die Trennungsangst oder die Angst vor dem Verlassensein sind nur zwei davon. Viele Kinder haben im Vorschulalter auch Angst vor magischen Dingen, vor Märchenfiguren oder Monstern, Angst vor der Dunkelheit, Angst vor Einbrechern, Angst vor allen neuen Situationen, Angst vor Naturkatastrophen – so unterschiedlich wie die Kinder sind auch ihre Ängste. Darum ist beim Umgang mit der Angst eines Kindes vor allem Fingerspitzengefühl gefragt. Lassen Sie sich die Angst des Kindes genau beschreiben. Verspotten Sie es nicht, selbst wenn die Angst vor einem Tyrannosaurus Rex unter dem Bett in den Augen eines Erwachsenen wirklich lustig ist. Versuchen Sie, die Welt auch in diesem Fall wieder mit Kinderaugen zu sehen. Was weiß Ihr Kind bisher von der Welt? Bedenken Sie auch, dass Kinder noch bis ins frühe Grundschulalter hinein in der so genannten »magischen Phase« stecken und nicht wirklich verstehen können, dass es keine Hexen, Monster oder überlebende Dinosaurier mehr gibt.

Hier müssen Sie kreative Lösungen suchen. Mit dem Satz »Hab keine Angst, das gibt es doch gar nicht!« werden Sie bei Kindern dieser Altersgruppe nicht weiterkommen. Eher helfen kleine magische Gegentricks: »Du, ich habe eine Idee. Von meiner Großmutter, die eine kluge alte Frau war, weiß ich sicher, dass sich Monster und Hexen vor ihrem eigenen Spiegelbild am meisten fürchten. Ich lege dir also einen Taschenspiegel auf deinen Nachttisch. Falls wirklich einmal ein Monster kommt, kannst du ihm den Spiegel vorhalten und es wird schreiend davonlaufen!«

Wenn es Ihnen widerstrebt, die magischen Vorstellungen des Kindes weiter zu nähren, dann können Sie es auch ein Bild von seinen Monstern malen lassen. Oder versuchen Sie es einmal damit, die Lösung des Problems an Ihr Kind zurückzuspielen: »Tja, du kannst also nicht schlafen, weil du Angst hast, dass sich eine Hexe an dein Bett schleichen wird. Was können wir da nur machen? Fällt dir etwas Kluges ein?«

Trotz und Wut

Was ist bloß mit meinem Kind los? Bisher war es ein kleiner Sonnenschein, alle waren begeistert von seiner fröhlichen Art. Jetzt schäme ich mich manchmal, weil es beim Einkaufen schreit und tobt, als hätte ich ihm etwas angetan! So geht es fast allen Eltern, wenn das Kind in die sogenannte Trotzphase kommt. Das Kleinkind entdeckt seinen eigenen Willen – und den möchte es auch durchsetzen. Andererseits spürt es immer wieder seine Abhängigkeit von den Erwachsenen. ICH WILL DIE SCHOKOLADE – das ist ein starkes Gefühl. Aber Mama sagt: »Nein«. ICH WILL SIE ABER! Auf den Konflikt, der jetzt folgt, können Sie sich am besten vorbereiten, wenn Sie sich ein paar Dinge klar machen:

- So wie Ihnen jetzt geht es und ging es zuvor fast allen Eltern von Kindern zwischen 2 und 4 Jahren. Ein Trotzanfall in der Öffentlichkeit muss Ihnen also nicht peinlich sein.
- Die Trotzphase ist wichtig für die Entwicklung der Persönlichkeit des Kindes.
- Auch wenn Sie genau wissen, dass ein Wutanfall folgen wird, können Sie nicht alle Regeln über Bord werfen. Ein sinnvolles, berechtigtes »Nein« sollten Sie deshalb nicht zurücknehmen.
- Atmen Sie tief durch und bleiben Sie gelassen. Alles geht vorbei, auch die Trotzphase.

»Mathias will nicht einschlafen. Furchtbare Angst – Monster. Alle Möglichkeiten schon ausgeschlossen – Lichteinflüsse – Nachtlicht – gutes Zureden – nichts. Letzte Möglichkeit: Wir beten, der Schutzengel soll aufpassen. Alle Stofftiere sollen nur ein Auge zumachen, das andere bleibt offen, um Monster sofort zu melden. Mathias will sich aber nicht hinlegen. ›Oma, du hast gesagt, der Engel ist immer hinter mir, dann mach ich ihn doch platt.‹ Ja, das hatte ich nun davon. Beide haben wir gelacht, weiter Mut gemacht. Seit dieser Zeit war keine Rede mehr von Monstern.«
Eine amüsante Erfahrung, die Karin Erwig aus Oberhausen mit ihrem 5-jährigen Enkel gemacht hat.

»Dann darf man auch mal eine Tür zuschmeißen oder laut schreien. Wenn sich meine Kinder einigermaßen abgeregt haben, sprechen wir noch mal über die Sache und nehmen uns in den Arm oder lassen die Sache dann einfach auf sich beruhen.«
Claudia Anand-Metz aus Fischbachau

Tipp
von Anja und Christofer König aus Neuenkirchen. Sie schlagen vor, einen Wuteimer zu basteln, indem einem Mülleimer ein Wutgesicht aufgeklebt wird. »Ist jemand wütend, soll er ganz laut in den Wuteimer brüllen. Das hilft.«

Empathie gefragt

Manchmal bekommen Kinder auch dann einen Wutanfall, wenn sie an ihren eigenen Ansprüchen scheitern. Die 3-jährige Tochter möchte sich unbedingt die Schuhe selbst zubinden. Das gelingt ihr jedoch nicht. Darüber ist das Mädchen außer sich und schreit und weint. Mit Einfühlungsvermögen verstehen die Eltern, dass sie ein echtes Problem hat und keine starke Hand, sondern vielmehr Trost und Hilfe braucht.

Trauer

Wie wenig wir in der Lage sind, unsere Kinder vor schlimmen Erfahrungen und den damit verbundenen Gefühlen zu schützen, wird am Beispiel der Trauer besonders deutlich. Wenn nahe Verwandte oder Bekannte sterben, dann erfasst die Trauer natürlich auch unsere Kinder. Schwierig sind solche Situationen für Eltern besonders deshalb, weil sie selbst betroffen und oft nicht in der Lage sind, so intensiv auf ihre Kinder einzugehen, wie sie es sonst tun würden. Außerdem hat Trauer in unserer Gesellschaft keinen rechten Platz mehr. Früher wurde sie nach außen durch das längere Tragen von schwarzer Kleidung sichtbar gemacht. Jeder konnte so für eine bestimmte Zeitspanne an der Farbe der Kleidung erkennen, dass eine Familie trauert. Denn Trauer braucht vor allem Zeit. Das ist auch heute nicht anders, obwohl wir die Trauer im Alltag möglichst nicht mehr sehen möchten. Lassen Sie Ihrem Kind diese Zeit und akzeptieren Sie, dass Ihr Kind seine Trauer vielleicht anders verarbeitet, als Sie selbst es tun. Gehen Sie auf das Kind ein, hören Sie ihm zu und nehmen Sie es in den Arm. Versuchen Sie nicht, die Trauer klein zu reden. Nur die Zeit heilt Wunden, so heißt es schon im Sprichwort.

Kinder trauern auch nach einer Scheidung der Eltern oder nach einem Umzug. Sie empfinden die räumliche Trennung von geliebten Personen oder guten Freunden als großen Verlust. Tatsächlich ist es für Kinder noch schwieriger als für Erwachsene, Freundschaften nach einem Umzug über eine weite räumliche Distanz aufrecht zu erhalten. Die Kinder trauern auch um ihr verlorenes Zuhause. Wir müssen diese Gefühle hinnehmen und zulassen, dass die Kinder sie auf ihre Weise verarbeiten.

Heute bin ich richtig traurig!

Viele Eltern fühlen sich von einem solchen Satz ihres Kindes sofort angegriffen und reagieren zum Beispiel so: »Ja, was hast DU denn schon für einen Grund, traurig zu sein? Ich sorge für dich, du hast ein schönes Zimmer, alles ist doch in Ordnung! Wie kannst du denn traurig sein?« Viel angemessener können wir mit der Traurigkeit unserer Kinder umgehen, wenn wir uns noch einmal klar machen, dass wir nicht für ihre Gefühle verantwortlich sind. Und in ihrer kleinen, behüteten Welt passieren auch traurige Dinge. Der Hamster ist gestorben, der beste Freund hat sich einem anderen Jungen zugewendet, das Lieblingsauto ist kaputt, niemand ist zum Spielen da, die nette Erzieherin ist schwanger und verlässt demnächst den Kindergarten. Darüber darf man durchaus traurig sein und auf Verständnis der Eltern hoffen.

Karin Erwig aus Oberhausen beschreibt sich selbst als »miterziehende Großmutter«. Eine ihrer Enkelinnen verlor im Alter von 9 Jahren den Vater. Frau Erwig schreibt in Stichpunkten: »Mit zur Beerdigung gehen lassen. (...) Viel Körperkontakt. Auf Fragen offen antworten. (...) Papas Sachen noch lange liegen lassen. Schule mit einbeziehen. Bücher kaufen – Trauerbewältigung für Kinder. (...) Wenn Kinder tagelang nicht sprechen – nicht in sie drängen – abwarten.«

Mir ist soooo langweilig!

»Dann mach doch den Fernseher an!« Ganz ehrlich, wie oft ist Ihnen diese Antwort schon über die Lippen gekommen, wenn der Nachwuchs sich über Langeweile beklagt hat? Dabei wissen wir alle, dass diese Lösung nicht wirklich befriedigend ist. Denn nach einer Stunde Fernsehen kommen den Kindern erst recht keine guten Ideen mehr. Dann beginnt der Kreislauf von neuem. Was haben wohl unsere eigenen Eltern oder Großeltern gemacht, als ihnen langweilig war? Fernseher und Computer standen ihnen jedenfalls nicht zur Verfügung. Wenn man sie aber fragt, was sie in ihrer Kindheit gegen Langeweile getan haben, antworten seltsamerweise die meisten: Wir hatten eigentlich nie Langeweile. Wir haben mit den Nachbarskindern Höhlen gebaut, Fußball gespielt, mit den Eltern Holz gesammelt, Fangen oder Verstecken gespielt oder ganz einfach aus Kieselsteinen Muster gelegt. Ob sie vergessen haben, wie sehr sie sich gelangweilt haben – so ganz ohne Fernseher, Computer und »ordentliches« Spielzeug? Wahrscheinlich nicht. Denn sie haben spielen gelernt. Das klingt ungewöhnlich. Spielen müssen Kinder doch von allein können? Das ist nur zum Teil richtig. Sicher spielen Kinder schon sehr früh. Aber wir können mehr oder weniger dafür tun, ihre Spielfähigkeit zu fördern.

Spielende Kinder sind für Erwachsene nicht immer angenehm. Spielende Kinder machen manchmal Lärm, sie machen sich schmutzig, sie probieren Dinge aus, von denen wir sie lieber fern halten möchten. Alles Sachen, die unter modernen Wohn- und Lebensverhältnissen problematisch sind. »Was sollen die Nachbarn sagen, wenn du so durch die ganze Wohnung hüpfst? Geh lieber in dein Zimmer und sei leise, ja?«

Tipps

Wir tragen also viel dazu bei, ob unseren Kindern spannende, kreative Spiele einfallen. Denn wir schaffen die Rahmenbedingungen. So können Sie die Spielfähigkeit der Kinder fördern:

- In Mietshäusern oder größeren Wohnblocks mit den unmittelbar betroffenen Nachbarn Zeiten fürs Toben und Spielen verabreden. Alle Menschen waren schließlich irgendwann Kinder!
- Wenn kein Garten oder Spielplatz in der Nähe ist, selbst Zeit einplanen, um mit den Kindern jeden Tag ins Freie (am besten auf einen Spielplatz) zu gehen.
- Die Spiele der Kinder ernst nehmen. Das heißt, ein vertieftes Spiel nicht willkürlich unterbrechen oder einschränken.
- Den Kindern nicht ständig Unterhaltung bieten. Sie müssen lernen, sich selbst zu beschäftigen. Zeiten der »langen Weile« sind wichtig, um neue, kreative Ideen zu entwickeln.

»Jederzeit offen und bereit zur Freude sein; nicht überschäumen, besser ist, zu versuchen, sich lang, tief und innerlich und nicht nur so oberflächlich zu freuen.« Bärbel Heringhaus aus Bielefeld, 60-jährige Oma von drei Enkeln

Freude

Der intelligente Umgang mit Gefühlen schließt natürlich auch die positiven Empfindungen mit ein. »Geteilte Freude ist doppelte Freude« weiß schon das Sprichwort. Freude darf deshalb intensiv ausgelebt werden. Es tut gut, sich manchmal klar zu machen, dass man gerade sehr froh und glücklich ist. Daran dürfen auch die anderen Familienmitglieder teilhaben. Wie oft spüren wir, dass es uns nicht gut geht. Fühlen wir uns jedoch gut, dann nehmen wir es häufig kaum zur Kenntnis. Mit einem Gefühl der Dankbarkeit kann man die Freude über glückliche Momente verlängern.

Spiele zur Förderung der emotionalen Intelligenz

Kinder lernen spielerisch. Diese Gabe können wir nutzen, um unseren Kindern wichtige Fähigkeiten zu vermitteln. Voraussetzung dazu ist eine entspannte, ungezwungene Atmosphäre, in der sich Spiele wie »von selbst« ergeben oder die Familienmitglieder Lust auf ein gemeinsames Spiel entwickeln können.

Spiele, die das Selbst-Bewusstsein fördern

Wie bin ich? (Alter: ab 4)

Seminarleiter und Lehrer setzen zum Kennenlernen oft ein Spiel ein, das sich auch für den Familienkreis eignet. Sie brauchen dazu eine große, breite Rolle Papier, Stifte und eine Schere. Nacheinander legen sich die Familienmitglieder auf die am Boden ausgerollte Papierbahn. Die anderen fahren die Umrisse der liegenden Person mit dem Stift nach. Die dabei entstandene Figur wird anschließend ausgeschnitten und nach Lust und Laune bemalt, beklebt und verziert.

Die erste Aufgabe besteht darin, dass sich jedes Familienmitglied die Frage stellt: »Wie bin ich?« Mindestens drei – positive – Eigenschaften sollten dabei zusammenkommen. Kinder im Kindergartenalter brauchen allerdings Hilfestellung. Es ist gar nicht so einfach, sich selbst einzuschätzen. Die Eigenschaften werden unter der Überschrift »Wie bin ich?« in den Bauch der Figur geschrieben.

In die Beine oder die Arme der Figur kommen nun weitere positive Merkmale, die die anderen Familienmitglieder sammeln: »Auf dich kann man sich verlassen. Du bist ehrlich. Ich mag, wie du spielst. Du hast mir deine Schokolade geschenkt, als ich traurig war.« Leider fällt vielen Kindern sofort ein, was die Eltern oder Geschwister an ihnen nicht mögen. Da tut es gut zu erfahren, was die anderen an ihnen besonders schätzen. Für Kinder ist das eine wichtige Bestätigung. Natürlich bekommen die Papierfiguren einen Ehrenplatz an der Wand.

Verantwortung (Alter: 3–8)

Ein beliebtes Spiel in Kindergärten und Grundschulen ist der »Blindenhund«. Ein Kind bekommt die Augen verbunden oder schließt sie einfach. Ein anderes Kind führt nun als »Hund« den »Blinden« durch den Raum, über Hindernisse hinweg oder um Stühle herum. Damit üben die Kinder, Verantwortung für einen anderen zu übernehmen, oder in der Rolle des »Blinden«, sich auf andere zu verlassen. Wenn sich die Gelegenheit bietet – zum Beispiel bei einem Spaziergang –, können Sie sich in die Rolle des »Blinden« begeben und sich von Ihrem Kind führen lassen. Danach werden die Rollen getauscht.

Gefühle erkennen

Rückenmaler (Alter: ab 4)

Für die Entwicklung der emotionalen Intelligenz ist die Wahrnehmung der eigenen Gefühle die wichtigste Grundlage. Mit Kindern kann man diese Wahrnehmung ganz sinnlich üben. Das Malen mit dem Finger auf dem Rücken verursacht ein angenehmes, schönes Gefühl. In manchen Familien gehört es zum abendlichen Ritual, andere Eltern setzen es zur Beruhigung und Entspannung der Kinder ein. Das Kind liegt bequem auf dem Bauch. Je nach Alter des Kindes »zeichnen« Sie nun mit dem Finger einfache Figuren wie ein Haus oder eine Blume auf den Rücken des Kindes. Für diese Variation des Spiels muss das Kind schon eine bestimmte Vorstellung von Figuren und Dingen haben und sollte bereits selbst erste erkennbare Bilder malen. Kann es herausfinden, was Sie auf seinen Rücken gezeichnet haben?

Mit kleinen Schulanfängern können Sie zur Abwechslung auch Buchstaben auf den Rücken »schreiben«. Später werden ganze Worte oder Sätze daraus. Wechseln Sie auch einmal die Rollen und lassen Sie sich von Ihrem Kind auf den Rücken malen oder schreiben.

Das Gewitter (Alter: ab 2)

Ein schönes Spiel mit Kindern ab 2 Jahre ist das »Gewitter«. Trommeln Sie dafür sanft mit Ihren Fingerspitzen auf den Rücken des Kindes und erklären Sie: »Das ist der Regen. Er ist ganz sanft.« Dann werden die Regentropfen immer schneller, es regnet in Strömen (beide Hände streichen über den Rücken). Dann klatschen Sie in die Hände: Das war der Donner! Es regnet noch eine Weile stark, dann fallen die Tropfen wieder sanfter und zum Abschluss weht nur noch ein sanfter Wind über den Rücken. Fragen Sie das Kind, wie sich das »Gewitter« angefühlt hat. Lassen Sie es – je nach Alter und Sprachvermögen – beschreiben, welche Phase am angenehmsten war.

Der Mimik-Krimi (Alter: ab 5)

Gefühle spiegeln sich im Gesicht. Bei Kindern ist das besonders gut zu beobachten. Um sich in andere Menschen zu versetzen, müssen wir zunächst ihre Gefühle richtig deuten. Es gibt verschiedene Möglichkeiten, diese Fähigkeit mit Kindern zu üben. Sie können gemeinsam Gesichter zeichnen, die ängstlich, zornig, traurig, gelangweilt, fröhlich oder fragend schauen. Dafür reichen einfache Zeichnungen nach dem Schema: Punkt, Punkt, Komma, Strich – fertig ist das Mondgesicht. Mit dem Mund und den Augenbrauen deuten Sie die erwünschte Mimik an.

Sie können auch der Reihe nach versuchen, bestimmte Gefühle pantomimisch auszudrücken. Die anderen Familienmitglieder müssen erraten, welches »Gefühl« gerade gespielt wird. Dabei wird sicher viel gelacht. Probieren Sie es beim nächsten Mal mit der Stimme. Sprechen Sie nacheinander den Satz »Thomas, du hast dein Zimmer noch nicht aufgeräumt!« mit ganz unterschiedlicher Betonung und Stimmlage aus. Das kann von wütend über drohend bis hin zu lieblich säuselnd oder unbekümmert und fröhlich klingen.

Mit deinen Augen sehen (Alter: ab 5)

Um andere Menschen zu verstehen, ist es hilfreich, die Welt einmal mit ihren Augen zu sehen. In der Familie können Sie daraus ein fröhliches Spiel machen. Das Kind übernimmt die Rolle der Mutter, die Mutter schlüpft in die Rolle des Vaters, der Vater spielt Kind. Oder die Kinder tauschen die Rollen untereinander. Alle Familienmitglieder müssen die Tätigkeiten und das Verhalten des anderen, in dessen Rolle sie geschlüpft sind, möglichst treffend spielen. Es geht dabei allerdings nicht um eine Karikatur des anderen. Verabreden Sie, dass sich alle um eine wohlwollende Nachahmung bemühen. Natürlich wird jeder auch so behandelt wie das Familienmitglied, in dessen Rolle er oder sie jetzt steckt. Sprechen Sie anschließend darüber, wie der Rollentausch für jeden Einzelnen war.

Noten einmal anders (ab Grundschulalter)

Nutzen Sie zum Beispiel eine gemeinsame Mahlzeit dazu, den momentanen Gefühlszustand zu beschreiben. Dafür werden Noten vergeben. »Ich fühle mich heute zwischen 1 und 2, weil meine Freundin zu Besuch kommt und der Tag bisher toll gewesen ist.« Wenn sich alle Familienmitglieder daran beteiligen, lernen sie, sich selbst zu beobachten, haben andererseits aber auch die Möglichkeit, sich in die anderen hineinzuversetzen, denen es vielleicht gerade nicht so gut geht.

*Zwei tolle **Spieletipps** zum Thema »Gefühle erkennen« haben Anja und Christofer König aus Neuenkirchen gesammelt. »Ein Gefühlsmemory erstellen: Verschiedene Gefühlsgesichter malen und jeweils zwei gleiche auf Karten kleben. Ein Spaß für die ganze Familie. Collage: Aus Zeitungen Gesichter ausschneiden, die verschiedene Gefühle zeigen, und auf ein Papier kleben.«*

Kasper und Seppel (Alter: ab 4)

Kinder lieben Puppenspiele. Und schon immer wurden Puppenspiele eingesetzt, um Kindern etwas zu vermitteln. Anhand der Figuren von Kasper und Seppel können Sie den Kindern vorführen, wie sich »Optimismus« und »Pessimismus« anfühlen und auswirken. Wenn keine Kasper- und Seppel-Handpuppen zur Verfügung stehen, dann behelfen Sie sich anders. Malen Sie sich zum Beispiel mit einem Kugelschreiber Gesichter auf beide Zeigefingerspitzen – und schon können Sie loslegen. Denken Sie sich eine einfache Geschichte aus: Der Räuber hat die Großmutter bestohlen, Kasper und Seppel wollen helfen. Kasper ist der Optimist. Er hat Ideen, will dies und das ausprobieren, glaubt an seinen Erfolg. Seppel dagegen hat immer ein bisschen Angst, er malt sich aus, was alles schief gehen kann. Jeden Vorschlag von Kasper kommentiert er mit einem »Ja, aber Kasper, denk doch mal, wie das enden kann!« Trotzdem macht er schließlich mit, denn er kann ja den Kasper nicht alleine lassen. Natürlich nehmen die beiden den Räuber gefangen und kehren fröhlich zur Großmutter zurück.

Anschließend dürfen die Kinder einmal Kasper und Seppel spielen. Wie fühlt es sich an, immer ängstlich zu sein und alles schwarz zu sehen? Wie ist es in Kaspers Haut? Werten Sie die Beobachtungen nicht, lassen Sie die Geschichte einfach für sich sprechen.

Den Teamgeist fördern

Ich gehöre dazu! (ab Grundschulalter)

Erst wenn man das Gefühl hat, zu einer Gruppe zu gehören, kann man sich auch für die gemeinsamen Interessen der Gruppe einsetzen. Überlegen Sie mit den Kindern, zu welchen Gruppen sie gehören. Da ist zuerst einmal die Familie – die Kleinfamilie – und als nächste »Gruppe« ein weiterer Kreis von Verwandten. Welche Stellung haben die Kinder in der Familie? Sie sind Sohn oder Tochter, Bruder oder Schwester, Enkel, Enkelin, Nichte, Neffe, Cousin.

Gibt es andere Gruppen, zu denen sie gehören, zum Beispiel einen Verein, die Kirchengemeinde, die Kindergartengruppe, die Schulklasse? Je nach Alter und Interesse der Kinder können Sie die Ergebnisse dieser Überlegungen auch aufschreiben. Fangen Sie dann an zu überlegen, welche gemeinsamen Ziele die Familie als Gruppe hat. Alle möchten sich zu Hause wohl fühlen, alle wollen ein gemütliches Heim mit Rückzugsmöglichkeiten für jeden Einzelnen, aber auch Begegnungsräumen, um gemeinsam zu lachen oder zu reden. Was kann jeder Einzelne dazu beitragen, damit diese Ziele erreicht werden?

Möglicherweise kommen so die lästigen Diskussionen über die Verteilung der Arbeiten im Haushalt zum Stillstand. Wenn klar ist, dass die Hausarbeiten zum Wohlbefinden aller »Gruppenmitglieder« beitragen sollen, dann sind Kinder auch eher bereit, Pflichten zu übernehmen. Denn zur Gruppe »Familie« möchten sie ja auf jeden Fall dazugehören und haben die Ziele dieser wichtigen Gruppe mit bestimmt.

Lachmuskeltraining (Alter: von Anfang an)

Jede Familie ist ein einzigartiges System mit eigenen Regeln, Vorlieben und Gewohnheiten. Darum wissen Sie auch selbst am besten, was Ihre Familie zum Lachen bringt. Und gemeinsames Lachen ist eine Art Training für den Teamgeist, denn Lachen verbindet. Stellen Sie sich vor, Sie beobachten, wie einem vornehm gekleideten Herrn der schicke Hut vom Kopf direkt in einen Kuhfladen geweht wird. Alle Umstehenden, egal, ob sie sich kennen oder nicht, werden zu Verbündeten, zu einer für kurze Zeit verschworenen Gruppe, denn sie schauen sich an und lachen aus vollem Herzen.

Auch wenn diese Schadenfreude nicht unbedingt »edel« ist, wirkt sie doch so ansteckend und verbindend, dass sich kaum jemand entziehen kann. Lachen Sie also möglichst häufig gemeinsam mit Ihrer Familie. Spielen Sie die Spiele, von denen Sie wissen, dass sich alle Familienmitglieder dabei schief lachen. Oder tauschen Sie Witze aus, erfinden Sie unsinnige Reime und genießen Sie die verbindende Wirkung des Lachens!

Sexualentwicklung

Schöne Gefühle

Babys erforschen im Alter von einigen Monaten die Welt wie kleine Entdecker. Sie bestaunen und betasten zunächst alle Dinge in ihrer unmittelbaren Umgebung. Dazu gehört auch ihr eigener Körper. Die Füße sind für viele Kinder das erste »Lieblingsspielzeug«. Sie werden angefasst, beklopft, in den Mund gesteckt. Genauso erforschen Babys auch alle anderen Regionen ihres Körpers – und stellen bald fest, dass es bestimmte Bereiche gibt, die sich anders anfühlen, schöner vielleicht oder lustvoll. In gewisser Hinsicht beginnt damit auch ihre Sexualität, eine »unschuldige« Sexualität, da sie nichts von anderen Menschen weiß und ganz auf sich selbst bezogen ist.

Die im Kindergartenalter interessant werdenden »Doktorspiele« dienen ebenfalls dem Forschungsdrang der Kinder. Sie untersuchen dabei den Körper eines anderen Kindes und lassen auch die Geschlechtsteile nicht aus. Besorgte Eltern können oft nicht verstehen, wie es im geschützten Raum des Kindergartens dazu kommen kann. In den meisten Fällen sind die Sorgen der Eltern allerdings völlig unbegründet. Die Untersuchung der Geschlechtsteile anderer Kinder im Rahmen der Doktorspiele entspringt reinem Forschungsinteresse. Auch wenn sich dabei zwei Jungen oder zwei Mädchen »untersuchen«, ist das vollkommen normal und deutet nicht auf homoerotische Neigungen hin. Aufpassen müssen Eltern jedoch, wenn der Altersunterschied zwischen den Kindern groß ist. Gleichaltrige haben untereinander sehr gute Strategien entwickelt, sich selbst abzugrenzen und das Spiel abzubrechen, wenn es nicht mehr als schön empfunden wird. Das gelingt jüngeren Kindern gegenüber deutlich älteren Kindern, auch gegenüber älteren Geschwistern, nicht in gleichem Maße.

Das Spielen des Babys mit den eigenen Geschlechtsteilen setzt sich in der Kindheit fort.

Mit dem Kindergartenalter ist es an der Zeit, die Kinder behutsam darauf hinzuweisen, dass es zwar völlig in Ordnung ist, sich an den Geschlechtsteilen zu berühren und die entstehenden Gefühle zu genießen, dass diese Spiele jedoch nicht vor anderen Menschen stattfinden sollten. Behutsam sollten wir bei solchen Gesprächen vorgehen, damit die Kinder nicht den Eindruck bekommen, dass sie etwas Schlechtes tun. Denn das kann sich bis ins Erwachsenenalter negativ auf ihr sexuelles Erleben auswirken. Andererseits sind Eltern aber gefordert, die sozialen Regeln unserer Gesellschaft zu vermitteln.

Aufklärung mit Gefühl

Kinder sind nicht immer und jederzeit bereit, sich mit einem bestimmten Thema auseinander zu setzen. Wenn Ihr 5-jähriger Sohn aber beispielsweise in der Badewanne fragt, wie Mädchen eigentlich ohne Penis »Pipi« machen können, dann ist eine gute Gelegenheit gekommen. Wie viel Sie erklären, hängt von der Reaktion des Kindes ab. Lassen Sie dem Kind immer wieder Zeit, Zwischenfragen zu stellen. Dann bemerken Sie auch, wenn sich sein Interesse an dem Thema erschöpft hat. Drängen Sie dem Kind keine weiteren Erklärungen auf. Warten Sie, bis sich wieder eine Gelegenheit bietet.

Wenn Sie den Eindruck haben, dass Ihr Kind von sich aus nie Fragen zum Thema Sexualität stellt, dann können Sie in einem Moment der Vertrautheit von sich aus anfangen zu erzählen. Gehen Sie aber auch dann nur so weit, wie das Kind bereit ist, Ihnen zu folgen. Schaltet es ab und wechselt das Thema, dann lassen Sie die Aufklärung erst einmal ruhen. Es ist nicht nötig, dass Sie Ihr Kind gleich komplett aufklären. Sie können dabei ruhig in kleinen Schritten vorgehen. Wichtig sind die Offenheit für das Thema und eine vertrauliche Atmosphäre, die es dem Kind ermöglicht, Fragen zu stellen.

Eine Schwierigkeit im Umgang mit dem Thema Aufklärung liegt darin, dass wir Eltern uns dabei immer auch ein Stück weit mit unserer eigenen Sexualität auseinander setzen müssen. Darum ist das Thema auch heute, in einer offenen, freien Gesellschaft, für viele Eltern immer noch heikel.

Körperliche Veränderungen während der Pubertät

Die Übergangszeit vom Kind zum Erwachsenen dauert mehrere Jahre und geht mit großen hormonellen Umstellungen und Wachstumsschüben einher. Die Produktion der Hormone ist lange Zeit unausgewogen. Beide Geschlechter haben sowohl männliche als auch weibliche Hormone, aber in anderer Zusammensetzung. Die männlichen Hormone sorgen bei Mädchen und Jungen für die Schambehaarung, sind aber auch für Pickel und fettige Haut verantwortlich. Die weiblichen Hormone Östrogen und Gestagen steuern die Entwicklung der Brust und die Regelblutung. Das männliche Geschlechtshormon Testosteron sorgt bei Jungen für das Wachstum zunächst der Hoden, dann des Penis und für die Schambehaarung. Es ist auch die Ursache für eine verstärkte Schweißproduktion. Kurz nach dem Einsetzen der Schambehaarung erleben Jungen ihren ersten Samenerguss. Das geschieht meist im Schlaf und völlig unbewusst.

Der eigene Körper macht Jungen wie Mädchen in der Pubertät zu schaffen. Fast alle leiden unter Mitessern und Pickeln, hassen an manchen Tagen das eigene Spiegelbild und beneiden das Entlein im Märchen, das eines Tages als Schwan erwachte. Ein Problem für viele Mädchen ist die Gewichtszunahme, die mit der Entwicklung zur Frau einhergeht. In der Werbung und den Medien wird ein für die meisten Mädchen unerreichbares Schönheitsideal gezeigt. Der Wunsch, eine Diät zu machen, ist noch nicht besorgniserregend. Holen Sie sich jedoch rechtzeitig fachkundige

Hilfe, wenn Sie Anzeichen einer krankhaften Essstörung erkennen.

Neben den körperlichen Veränderungen ist der »Aufruhr« der Hormone während der Pubertät zumindest mit für das veränderte Verhalten der Jugendlichen verantwortlich. Durch ihre äußere Entwicklung werden sie außerdem immer wieder damit konfrontiert, dass sie bald keine Kinder mehr sein werden. Sie müssen sich also Gedanken über ihre Zukunft machen und das Bild, das sie von sich selbst haben, neu definieren.

»Aber wann ist ein Mann ein Mann?«, fragt Herbert Grönemeyer in dem Lied »Männer«. Dieses Thema ist für Jungen viele Jahre lang bestimmend. Was muss ich tun, wie muss ich aussehen, was darf ich sagen, damit ich ein echter Junge bin?

Jungen

Viele Mütter stellen spätestens mit dem Ende der Grundschulzeit fest, dass ihre guten Ratschläge zur Lösung von Problemen auf wenig Verständnis bei den Söhnen stoßen: »Rede doch einfach mal mit deinem Freund. Sag ihm, du magst ihn und verstehst gar nicht, warum er plötzlich nicht mehr mit dir spielt.« Während eine Tochter diesen Ratschlag vielleicht dankbar aufgreifen würde, zuckt Ihr Sohn hilflos die Schultern und sagt: »Mama, dann hält der mich doch für 'ne totale Flasche!« Unter Jungen herrschen eigene Regeln. Gefühle zu zeigen gilt spätestens mit dem Ende der Grundschulzeit unter Jungen als Schwäche. Ihr netter Sohn, der sich zu Hause durchaus gefühlsbetont und sensibel zeigt, muss in seiner Jungenclique mit 9 oder 10 Jahren ein anderes Verhalten erlernt haben, um bestehen zu können.

Trotzdem müssen wir Eltern nicht tatenlos zusehen, wie sich unsere Söhne mit dem Einsetzen der Pubertät immer weiter verschließen, sich gefährlichen Mutproben aussetzen oder gar andere Kinder schikanieren, nur um als »cool« anerkannt zu sein. In der schwierigen Zeit der Pubertät sind wir Eltern vielmehr besonders gefordert. Jungen geraten durch ihr aufmüpfiges, rüdes und häufig sogar beleidigendes Verhalten mit Einsetzen der Pubertät – und das kann schon in der 5., 6. Klasse der Fall sein – in Gefahr, die freundliche, liebevolle Zuwendung der Eltern zu verlieren. Eltern benötigen tatsächlich viel Empathie und eigene Stärke, um einem Jungen, der sie beschimpft und abweist, Liebe und Zuneigung zu zeigen. Aber genau das braucht er jetzt.

Wenn wir interessiert und einfühlsam bleiben, haben wir auch eine Chance, weiterhin auf unsere Kinder einzuwirken. Einfache Verbote sind sinnlos: Verbieten Sie Ihrem jugendlichen Sohn einen Film und Sie können davon ausgehen, dass er Wege findet, ihn erst recht zu sehen. Jetzt ist wirklich die Zeit gekommen, Verbote zu begründen. Jugendliche brauchen Erklärungen, Diskussionen und echte Auseinandersetzungen. Bleiben Sie also im Gespräch, diskutieren Sie mit Ihrem Sohn über Themen wie Gewalt in Filmen – oder auf dem Schulhof –, über Mutproben, Alkohol und alles, was gerade wichtig ist.

Mädchen

Auch für Mädchen geht es in der Pubertät um die Abgrenzung von den Eltern und um die Entdeckung der eigenen Persönlichkeit. Die richtigen Klamotten spielen dabei eine ganz enorme Rolle. »Mit diesem albernen Babypulli kann ich mich unmöglich sehen lassen!«, sagt die 12-jährige Tochter und wirft das mitgebrachte Geschenk der Mutter wütend in die Ecke. Auch in Mädchencliquen herrschen strenge Gesetze. Einerseits darf man die anderen Mädchen nicht einfach »kopieren«, andererseits auch nicht zu sehr aus dem Rahmen fallen. Mädchen können sich untereinander das Leben sogar ganz besonders schwer machen. Ihre frühe kommunikative Begabung führt anders als in Jungencliquen dazu, dass viel geredet wird, oft auch über gerade nicht anwesende Mädchen. Jedes Wort der anderen wird dabei auf die Goldwaage gelegt, kommentiert, bewertet und kritisiert. Das ist für alle Beteiligten nervenaufreibend und anstrengend. Oft fängt das schon in den Grundschulklassen an.

Interessiert und aktiv zuzuhören (siehe Kapitel »Gespräche mit Gefühl«), ist jetzt oft das Einzige, was Eltern tun können. Wie die Jungen so müssen auch die Mädchen lernen, in einer Gruppe von Gleichaltrigen zurechtzukommen. Das ist bei manchen Kindern mit Schwierigkeiten, mit Tränen, Wut und Verzweiflung verbunden – gehört aber auf dem Weg zum Erwachsenwerden ganz einfach dazu.

Unter Erwachsenen gilt es als Zeichen von Stärke, sich anders als die anderen zu verhalten, besondere Talente und Begabungen zu entwickeln und die eigene Persönlichkeit zu entfalten. Darum fällt es uns oft schwer, die völlige Unterordnung unserer Kinder unter die Regeln einer Gruppe zu verstehen. Dabei übersehen wir, dass die Anpassung an eine Gruppe wichtig ist, um soziale Kompetenzen zu erwerben. Erst wenn Jugendliche gelernt haben, in einer Gruppe »anzukommen«, können sie es riskieren, anders als die anderen zu sein und ihre eigene Persönlichkeit zu betonen.

Pubertät – eine Herausforderung für die ganze Familie

Die mit der Pubertät einsetzenden Veränderungen bringen für die Kinder selbst viele Probleme mit sich. Sie sind damit beschäftigt zu verstehen, wer und wie sie selbst sind, und haben Angst zu versagen. Außerdem möchten sie zunehmend von Gleichaltrigen anerkannt sein. Manche Jugendlichen schwanken zwischen kindlichen und erwachsenen Verhaltensweisen. Viele kommen mit sich selbst nicht mehr zurecht und haben Sorgen und Probleme, die ihnen peinlich sind. Nicht einmal den verständnisvollsten Eltern würden sie sie anvertrauen – und sehnen sich trotzdem nach Anerkennung und Anteilnahme der Eltern. Diesen Widersprüchen und wechselnden Launen begegnet man am besten mit Gelassenheit – die nicht mit Gleichgültigkeit zu verwechseln ist. Wie in der Trotzphase gilt: Diese Zeit ist schwierig, aber für die Entwicklung wichtig – und sie ist irgendwann vorbei.

»Die Familie spielt bei der Entwicklung von Einfühlungsvermögen und allen anderen Gefühlen die zentrale Rolle. Als ich 7 Jahre alt war, starb eine entfernte Tante meiner Mutter. Durch die Einladung zur Beerdigung wurde ich in eine neue Situation geworfen und wusste nicht, wie ich mich verhalten sollte. Da ich aus dem Fernsehen wusste, dass man bei Beerdigungen weint und ich keinerlei Gefühle für die unbekannte Tante hatte, fragte ich meine Mutter, ob ich mir mit der Wasserpistole Wasser ins Gesicht spritzen solle. Meine Mutter sagte zu mir, dass ich nicht weinen muss. ›Keiner kann dir sagen, wie du dich fühlen musst‹, erklärte sie. ›Gefühle kommen von hier‹, meinte sie ernst und legte mir die Hand auf den Bauch. Durch sie lernte ich, was Gefühle sind, weil sie mir zeigte, dass Gefühle einfach da sind und man sie nicht erzwingen kann. Ich lernte, auf mein Innerstes zu hören, und konnte so auch mit meinen Gefühlen unvoreingenommen umgehen.«
Simone Grombach aus Neuendettelsau

Erfahrung mit Gefühlen

Gefühle bestimmen unser Leben. Sie können es bunt und schön, anstrengend und beängstigend und dann wieder intensiv und freudvoll machen. Erst durch Gefühle wird unser Dasein wirklich lebendig. Auch wenn wir oft den Eindruck haben – wir sind unseren Gefühlen dabei nicht hilflos ausgeliefert. Wir können sie bewusst beeinflussen und gestalten. Alles, was wir tun und denken, wirkt sich auf unsere Gefühlslage aus. Aktivitäten, die wir in Angriff nehmen, Entscheidungen, die wir treffen, und die Art und Weise, wie wir uns, unsere Gefühle und unser Leben betrachten, alles wirkt zurück auf unsere Emotionen. »Erfahrung mit Gefühlen« heißt, bewusst und klug mit alltäglichen oder besonderen emotionalen Situationen umzugehen.

Die Familie als Schmelztiegel der Gefühle

Mit unseren Gefühlen klug umzugehen – das ist ein Lernprozess, mit dem wir uns das ganze Leben auseinander setzen. Unser emotionales Basiswissen allerdings erwerben wir in der Kindheit. Der Familie kommt dabei der wichtigste Stellenwert zu. Sie ist der »Schmelztiegel« der Gefühle. Die emotionale Kompetenz eines Kind hängt maßgeblich vom Vorbild der Eltern, vom Umgang in der eigenen Familie ab. Welchen Stellenwert Kinder Gefühlen einräumen – ihren eigenen und denen der anderen –, hat viel damit zu tun, was in der Familie vorgelebt wird.

Um Gefühle zuzulassen und ausprobieren zu können, brauchen Kinder vor allen Dingen eines: emotionale Sicherheit. Die Familie ist der Ort, an dem es sich ohne Einschränkung geborgen und geliebt fühlen muss.

Familien-Gefühle

Zuwendung zeigen

Zuwendung in der Familie – nichts kann uns mehr Kraft und Sicherheit vermitteln. Sagen Sie Ihrem Partner, Ihren Kindern, wie lieb Sie sie haben. Sagen Sie, wenn Ihnen etwas gefällt, was das Kind gemacht hat, dass Sie stolz sind auf den Erfolg des Partners, wie schön Sie die ganze Familie auf den letzten Urlaubsfotos finden oder wie glücklich Sie über das schöne gemeinsame Leben sind. Aber sagen Sie den anderen auch, wenn Sie sich selbst Lob und Zuwendung wünschen: »Ich habe mir so viel Mühe gegeben, dieses besondere Essen zu machen. Ich finde, ich habe ein Lob verdient.«

Wir haben uns alle lieb

Setzen Sie sich doch mal mit der ganzen Familie zusammen und sprechen Sie darüber, wie lieb Sie sich haben. Erklären Sie Ihren Kindern, was für ein schönes und wichtiges Gefühl Liebe ist. Dass es ganz verschiedene Menschen gibt, die man lieb haben kann: Mutter, Vater, Geschwister, Freunde, Oma, Opa, die Kindergärtnerin oder den Lehrer. Man nimmt niemandem etwas weg, wenn man auch noch einen anderen lieb hat. Wie fühlt sich Liebe an? Wann spürt Ihr Kind besonders starke Liebe? Und wann wird die Liebe von anderen Gefühlen überdeckt?

Vertrauen in Liebe

»Du bist mein Kind und ich werde dich immer lieben, ganz egal was passiert!« Das ist das Gefühl, das ein Kind in seiner Familie braucht. So kann es ein felsenfestes Vertrauen in die Stabilität Ihrer Beziehung entwickeln. Ein Vertrauen, das Kinder stark macht. Machen Sie Ihrem Kind klar, dass es mit allem immer zu Ihnen kommen kann. Das heißt nicht, dass Sie nicht auch mal stinkwütend reagieren können. Sie sind auch nur ein Mensch. Aber Ihre Liebe werden Sie ihm nie entziehen. Darauf kann es immer vertrauen.

Über Gefühle sprechen

Seien Sie ehrlich zu sich selbst: Sprechen Sie in der Familie offen genug über Gefühle? Sagen Sie den anderen immer, wenn Sie sich traurig fühlen, verletzt oder frustriert? Zeigen Sie, wenn Sie übersprudelnd glücklich sind? Oder aus irgendeinem Grund so albern, dass Sie nur noch kichern können? Machen Sie klar, wenn Sie etwas stört oder eine Verhaltensweise Sie zur Weißglut bringt? Und fragen Sie selbst genug nach, was Ihren Partner oder Ihre Kindern beschäftigt?

»Familienmitglieder sind unbedingt als Vorbilder zu sehen. Bestimmte Verhaltensmuster ahmen die Kinder regelrecht nach. Ich ertappe mich selbst manchmal dabei, dass ich die gleichen Reaktionen im Umgang mit den Kindern zeige, die ich eigentlich bei meiner Mutter gehasst habe und auch nicht richtig finde. Das Verhaltensmuster rutscht einfach heraus.«
Ulrike Jakobs
aus Saarwellingen

»Jeden Abend bevor Dustin schlafen geht, spiele ich ihm mit seinem Plüschhasen etwas vor und übernehme dabei auch die Stimme von dem Tier. Diesem Hasen erzählt er auch gern, worüber er sich gerade geärgert hat oder worüber er traurig ist. Sie glauben gar nicht, was Kindern ihren Plüschtieren alles erzählen.«
Bianca Gehrmann
aus Demmin

Spieletipp:
Ich hab' dich lieb, weil ...

Die ganze Familie sitzt zusammen und jeder malt Bilder von Menschen (oder Tieren), die er lieb hat. Jeder muss dann erklären, warum er den anderen so mag. Kann man das an den Bildern sehen? Und wie kann man seine Liebe zeigen?

Der Familien-Spiegel

Bei dem folgenden Spiel kann jeder zeigen, wie gut er die anderen kennt: Auf Zetteln werden verschiedene Gefühle notiert: Wut, Trotz, Glück, Zufriedenheit, Stress, Freude und so weiter. Die Zettel kommen in eine Schale. In einer anderen Schale sind Zettel mit den Namen der Familienangehörigen. Nun muss der erste Spieler jeweils einen Zettel mit einem Gefühl und einen mit einem Namen ziehen. Die Aufgabe ist, beispielsweise Papa zu spielen, wenn er sauer ist. Oder Mama hektisch und in Eile. Es wird für alle sehr erhellend sein, wie die anderen sie empfinden. Und es entwickelt sich mehr Verständnis füreinander.

Zeit für sich

Morgens, mittags, abends – sind Sie sieben Tage in der Woche nur für die Familie da? Das kann nicht gut gehen. Genauso, wie Sie sich bemühen, kein Kind zu kurz kommen zu lassen, müssen Sie sich um sich selbst kümmern. Nur so können Sie die Kraft und Energie tanken, auch wieder für die anderen da zu sein. Versuchen Sie, sich Ihre Inseln zu schaffen. Vielleicht ein Abend in der Woche, der nur Ihnen gehört und an dem Sie ins Kino gehen oder einfach nur mal wieder Ihren Lieblingskrimi zur Hand nehmen. Machen Sie ein, zwei fixe Termine, Yoga-Gruppe oder Klavierunterricht, an denen Sie etwas nur für sich selbst tun. Und vor allem: Achten Sie darauf, diese Termine auch einzuhalten.

Streiten – aber richtig!

Streiten gehört dazu

Auch in einer harmonisch lebenden Familie bleibt Streit nicht aus. Und Streit, so weh er oft tun kann, erfüllt eine wichtige Funktion im menschlichen Miteinander: So werden unterschiedliche Positionen unmissverständlich klar gemacht – wichtig für die Rollenverteilung in der Familie. Sie müssen keine Angst vor Streit haben, wenn Sie darauf achten, ihn richtig zu führen. Es ist viel schlimmer, einen heftigen, grundlegenden und destruktiven Zwist über lange Zeit immer wiederkehrend zu führen, als einmal richtig zu streiten.

Streit-Fehler

Es gibt zwei Grundfehler, die die meisten Streitsituationen in die falsche Richtung eskalieren lassen: Jeder will Recht haben und keiner versteht, was der andere sagen will. Eine gute Streitkultur in der Familie sollte also unbedingt beinhalten, den anderen zuerst reden und ihn vor allem auch ausreden zu lassen. Und ganz wichtig: Hören Sie einander wirklich zu.

Bis hierhin – und nicht weiter!

Vereinbaren Sie in ruhigen Zeiten ein Familienwort, das jeder sagen kann und das den Streit sofort beendet – zunächst. Brechen Sie mit dem Wort einen Streit sofort ab, wenn er für jemanden verletzend wird oder wenn Sie das Gefühl haben, die Diskussion tritt auf der Stelle. Es ist besser, einen Streit auf den nächsten Tag zu vertagen, wenn die Diskussion vielleicht sachlicher geführt werden kann.

»Das Erste, was ich bei allen Gefühlsregungen tue, ist ruhig atmen. Das Atmen bewirkt, dass die Gefühle zwar zuerst stärker werden, ich sie dadurch aber erkennen und benennen kann.«
Ursula Sommer aus Bad Soden

Streiten – zur richtigen Zeit am richtigen Ort

Sie können sich nicht wirklich aussuchen, wann ein Streit ausbricht. Aber Sie können manchmal vielleicht einen falschen Zeitpunkt vermeiden. Versuchen Sie, nicht vor dem Schlafengehen zu streiten. Kinder gehen dann oft mit Angst ins Bett und Ehepartner können durch schweigendes Grollen ihr Zerwürfnis manchmal zementieren. Der frühe Morgen, bevor alle schnell zur Arbeit oder Schule müssen und die negativen Emotionen mit in den Tag nehmen, ist auch kein guter Zeitpunkt für einen Streit. Versuchen Sie, nach einem Streit immer genügend Zeit für Positives und Gemeinsames zu haben.

Von außen beobachten

Wenn Sie streiten, versuchen Sie doch mal, die Situation von außen zu betrachten. Wirkt es nicht ein wenig albern, wie sich da zwei Menschen über eine solche Kleinigkeit ereifern? Wenn Sie darüber kichern müssen, lassen sie es ruhig raus. Vielleicht steckt Ihre Heiterkeit den anderen ja an und alles löst sich in einer gemeinsamen Lachattacke. Vielleicht merken Sie aber auch, dass Sie selbst sich nicht ganz angemessen verhalten, und es fällt Ihnen leichter, einen Gang runter zu schalten und den Streit in eine sachliche Diskussion umzulenken.

Bei allem Streit: Zuwendung bekunden!

Auch wenn man streitet, kann man dem anderen deutlich machen: Wir streiten uns zwar jetzt und ich ärgere mich total, aber trotzdem habe ich dich lieb. Durch kleine Gesten, eine kleine Berührung, einen Blick in die Augen oder auch das Eingeständnis, wie sehr es allen zusetzt, streiten zu müssen, können Sie Ihr Zusammengehörigkeitsgefühl stärken.

»Auch wenn nicht jeder gelernt hat, über seine Gefühle zu reden, nicht jeder gerne küsst (Kids) und schmust, merke ich als Mutti, dass mich meine Kinder mögen, an vielen täglichen Dingen, beispielsweise Zettel auf dem Küchentisch: Hab' dich ganz doll lieb. Das macht mich glücklich.«
Elvira Endruschat aus Wülknitz

Versöhnen tut gut

Auf Streit folgt Versöhnung

Wenn die Fetzen geflogen sind, tut vor allem eines gut: Versöhnung. Schön, wenn der Rauch der Empörung sich verzogen hat und einer zum anderen sagen kann »Tut mir Leid.« Und der andere erwidert: »Schon gut. Ich hab' mich ja auch nicht besser benommen.« Lassen Sie unbedingt auf jeden Streit eine Versöhnung folgen. Unterschiedliche Positionen können ja trotzdem weiter bestehen. Vor allem für Kinder ist es wichtig, dass Sie signalisieren: Alles ist wieder in Ordnung. Sie brauchen das Gefühl, dass ihre Eltern sie immer lieb haben werden. Ganz egal, was passiert.

Versöhnungsrituale

Haben Sie ein Familienritual, mit dem Sie eine Versöhnung einleiten können? Eine Geste, einen Satz, der dem anderen das Friedensangebot unterbreitet? Wie wäre es beispielsweise mit einer »Salzstangen-Versöhnung«: Einer der Kontrahenten steckt sich eine Salzstange in den Mund und guckt den anderen an. Der schnappt jetzt das andere Ende der Salzstange mit dem Mund und fängt zu knabbern an. Beide knabbern so lange, bis sie sich in der Mitte zu einem Versöhnungskuss treffen.

Ärger versenken

Fühlen Sie, dass trotz einer Versöhnung immer noch irgendwo Ärger grummelt? Versuchen Sie mal Folgendes: Jeder am Streit Beteiligte schreibt den Grund seines Zorns auf einen Zettel. Alle gemeinsam gehen an einen See, binden den Ärger-Zettel mit einem Faden an einen Stein und werfen ihn so weit wie möglich ins Wasser. So können alle zuschauen, wie der Ärger im See versinkt. Auf Nimmerwiedersehen!

Trost und Halt in der Familie

Die Kunst des Tröstens

Jedem von uns widerfahren im Alltag Dinge, die uns traurig machen oder ängstigen: Verschmähte Liebe, die Angst vor einer Kündigung, die Kränkung durch einen Freund, das Gefühl, abgelehnt zu werden. Halt und Trost kann da vor allem die Familie geben. Ein Gespräch, das Gefühl, angenommen und verstanden zu werden, oder kleine Gesten wie der Lieblingsteddy der Kinder, den Sie heute Nacht haben dürfen – all das sind Dinge, die uns trösten können.

Liebe tröstet

Kuscheln und Schmusen mit der ganzen Familie gibt Kraft und tröstet. Wir fühlen uns geborgen und Probleme verlieren ihren Schrecken. Für Erwachsene und Kinder wird durch intensive körperliche Nähe der Zusammenhalt in der Familie gestärkt. Warum nicht in schwierigen Zeiten einen Morgen mit der Familie gemeinsam im Bett verbringen?

Zuhören

Neben Problemen, bei denen wir helfend eingreifen können, gibt es vieles, an dem wir einfach nichts ändern können. Wenn der Sohn von seiner ersten Freundin verlassen wurde oder der Partner einen Angehörigen verloren hat, können wir nur da sein und zuhören. Das macht uns oft ungeduldig, weil wir es gewohnt sind, Dinge anzupacken oder wenigstens konstruktive Ratschläge zu geben. Unsere Nähe und Teilnahme, ein immer wieder verständnisvolles Ohr für die Trauer des anderen aber ist das, was er jetzt am meisten braucht.

Tipp:
Ein Traumbuch

Legen Sie für sich oder mit Ihrem Kind ein Buch an, in dem Sie Ihre Tagträume notieren. Kinder können die Träume auch malen oder Dinge in das Buch kleben, die sie symbolisieren. Es ist sehr interessant, alte Wunschträume wieder zu lesen. Was hat sich seitdem verändert?

Die Kraft der Phantasie

Tagträume

Vielleicht haben Sie als Kind öfter mal hören müssen: »Träum nicht«! Tun Sie es bitte trotzdem! Mitten am Tag! Ein paar Minuten reichen, beispielsweise wenn Sie auf den Bus warten. Malen Sie sich die Erfüllung Ihrer Wünsche in den schönsten Farben aus! Lassen Sie das Ganze wie einen Film vor Ihrem inneren Auge ablaufen. Durch Tagträume, innere Bilder von schönen Momenten oder Traumreisen entstehen nämlich starke Glücksgefühle. Sie können so Stresshormone abbauen und sich selbst mit positiver Energie erfüllen. Und mit jeder Menge Kraft, Ihre Träume zu realisieren.

Gemeinsam träumen

Es ist schön, mit einem glücklichen Gefühl einzuschlafen. Träumen Sie doch abends gemeinsam mit Ihrem Kind. Sie können sich den nächsten Urlaub ausmalen. Oder die Frage stellen: Was wünschst du dir für morgen? Du willst dich mit deiner Freundin wieder vertragen?
Das wird bestimmt schön ...

märklin

Zeit für Gefühle – auch Männersache!

Rituale können helfen, dass die Gefühle in der Hektik nicht zu kurz kommen und einfach vergessen werden: Jeden Abend beim Zubettgehen ein kurzes Gespräch mit dem Kind. Was hat es heute erlebt? Geht es glücklich und zufrieden ins Bett und mit welchen Gefühlen denkt es an den morgigen Tag? Oder das Sonntagsfrühstück, bei dem die ganze Familie in Ruhe zusammensitzt und jeder die Chance hat, über sich und das, was mit ihm in der letzten Woche passiert ist, zu sprechen.

Wie die meisten Dinge erfordert der richtige Umgang mit Gefühlen in der Familie vor allem eines: Zeit. Und damit genau das, was uns im täglichen Leben einfach viel zu oft fehlt.

Wie schön gemeinsam verbrachte Zeit sein kann und wie sehr Rituale in der Familie auch die Kommunikation und das Verständnis füreinander fördern können, zeigt ein Beispiel, das so mancher Elternteil noch aus seiner eigenen Kindheit kennt. Gemeint ist ein Hobby, das gelegentlich auch weibliche Familienmitglieder, meist jedoch Väter und Söhne fasziniert ...

Haben Sie sich schon einmal gefragt, warum die Augen fast jedes männlichen Familienmitglieds zu leuchten beginnen, wenn das Thema auf die selbst gebaute Eisenbahnanlage kommt? Mit welcher Begeisterung jeder Widerstand niedergeredet und auch noch die 82-jährige Tante zur Vorführung in den Keller bugsiert wird?

Wer kennt nicht die verschwörerischen Blicke, die sich Vater und Sohn zuwerfen, wenn sie – oh Wunder! – am Samstagvormittag lautstark erklären, dass sie selbstverständlich gern die Einkäufe übernehmen. Schließlich seien doch die Männer in der Familie für das »Beute machen« zuständig. Das sei schon immer so gewesen.

Und wenn die »Jäger« dann nach Stunden völlig erledigt wieder durch die Tür kommen mit der Erklärung, es sei so voll auf dem Markt gewesen, dass sie extra noch in die Stadt mussten, um auch alles, was auf der Liste stand, erledigen zu können. Dass sie sich dabei ganz nebenbei noch nach den neuen Loks von Märklin erkundigt und ein paar zusätzliche Schienen erstanden haben, wird nur am Rande erwähnt.

Gemeinsam sind wir stark – mein Papa und ich!

Es gibt kaum etwas, das Eltern und Kinder mehr verbindet als ein gemeinsames Hobby, auch und gerade innerhalb der Familie. Es fördert das Miteinander, animiert zum gemeinsamen Spiel und setzt einen generationsübergreifenden Erfahrungsaustausch in Gang.

Es schweißt – nach dem Motto: »Männer unter sich« – zusammen und unterstützt damit eine vertrauensvolle Vater-Kind-Beziehung.

Die Zeit, die Familienmitglieder miteinander verbringen, ist ein wichtiger und prägender Faktor für eine schöne Kindheit. Und Kinder spüren sofort, wenn ein Erwachsener »in Gedanken woanders ist«. Fragen Sie ein Kind, was es sich von den Eltern am meisten wünscht. Oft erhalten Sie die Antwort: »Ich möchte, dass sie mehr Zeit für mich haben.« Sich nur vorzunehmen, zukünftig mehr Zeit für die Kinder zu haben, hilft wenig. Tatsächliches Handeln und das Umsetzen von Ideen sind wichtiger als ständiges Nachdenken darüber, was man tun sollte. So ergibt sich auch die Möglichkeit zum Aufbau einer vertrauensvollen Vater-Kind-Beziehung.

Am schönsten ist gemeinsam verbrachte Zeit natürlich dann, wenn das, womit man sich beschäftigt, auch wirklich allen Beteiligten Spaß macht. Sich zu etwas zu zwingen, macht wenig Sinn. Kinder spüren, wenn Erwachsene nur halbherzig oder gar nicht bei der Sache sind.

Kinder sind genaue Beobachter ihrer Umwelt. Sie haben ein Gespür für Aufrichtigkeit und Ehrlichkeit. Sie erkennen, ob das Verhalten ihrer Eltern ehrlich ist, und sie wünschen sich ungeteilte Aufmerksamkeit.

In der Welt der Kinder gibt es heute Computer, Fernseher, MP3-Player, Handys. Von allen Seiten strömen Informationen ungebremst auf die Kinder ein. Schulischer Druck, Konkurrenzdenken, vielleicht sogar Mobbing – all dies ist Realität in ihrem täglichen Dasein.

Gemeinsames Spielen, Gespräche miteinander sind eher selten geworden. Sich Zeit füreinander oder miteinander zu nehmen, ist eine wichtige Grundlage für ein gut funktionierendes Familienleben. Geben Sie Ihrem Kind Sicherheit. Sorgen Sie für gemeinsame Erlebnisse.

Erfolgserlebnisse schaffen Glücksgefühle

Das gemeinsame Hobby »Modelleisenbahn« ist ein sehr gutes Beispiel hierfür. Es fördert nicht nur soziale Eigenschaften und das familiäre Miteinander. Phantasie, planerisches Denken, lösungsorientiertes Handeln und die entsprechende Umsetzung für die Gestaltung der dazugehörigen Landschaft gehören ebenso dazu. Gemeinsam wird gebastelt, geklebt, diskutiert und so spielerisch an technische Zusammenhänge herangeführt. Auch die Feinmotorik des Kindes wird durch die Beschäftigung mit unterschiedlichsten Materialien intensiv gefördert.

Wenn Wagen und Weichen, Loks und Löschfahrzeuge auf dem heimischen Teppich vorführen, was auch in Wirklichkeit besonders fasziniert, ist bei großen und kleinen Eisenbahnern Spaß garantiert. Da kann die Feuerwehr rasant um die Ecke biegen und Digitaltechnik zum Einsatz kommen – fast wie im wahren Leben.

Schritt für Schritt kreiert Ihr Kind mit Ihrer Unterstützung eine eigene Welt. Opa, Papa, Sohn – alle sind beteiligt. Und wenn der große Moment kommt, die Weichen gestellt sind und der Zug losfährt, wird Ihr Kind dieses Erfolgserlebnis und das damit verbundene positive Gefühl lange in Erinnerung behalten. Voller Glück und Stolz und mit strahlenden

Augen wird der Rest der Familie herbeigerufen, um staunend das kleine Wunderwerk zu betrachten.

Ein Hobby wie dieses gibt Vätern die Möglichkeit, regelmäßig ein bestimmtes Zeitkontingent zu reservieren. Das ist wichtig. Denn Kinder haben in ihrem Vater, ihrem männlichen Vorbild, einen Partner, der mütterliche Erziehungseinflüsse ergänzen, begleiten und – wo erforderlich – auch kompensieren kann.

Ganz nebenbei ergibt sich natürlich auch eine wunderbare Gelegenheit, miteinander ins Gespräch zu kommen und vielleicht auch einmal über Dinge oder Empfindungen zu sprechen, die sonst so nicht zur Sprache kommen.

Vorfreude – schönste Freude

Wenn ein Kind weiß, wann es seinen Papa mal wieder ganz für sich hat, und beide gemeinsam ihrem Hobby nachgehen können, dann ist das auch ein Anlass zu einer ganz besonderen Art der Freude: der Vorfreude. Sie lässt sich auch kultivieren: Am besten freuen Sie sich schon lange vorher, so viel Sie nur können, denn: Indem Sie und Ihre Kinder die Vorfreude so richtig auskosten, zahlen Sie viele Momente auf Ihr persönliches Glückskonto ein.

Nichts motiviert Kinder mehr zu spielerischem Lernen als das Erfolgserlebnis, etwas selbst bewirkt oder erreicht zu haben: Ein Stapel Bauklötze ist zu einem hohen Turm geworden, ein buntes Fensterbild prangt an der Scheibe – oder eine Spielzeug-Lok im Miniaturformat braust auf selbst verlegten Schienen durchs Kinderzimmer. Ein wunderbares Gefühl für Kinder, wenn sie etwas bewerkstelligt haben, das sie vorzeigen und auf das sie stolz sein können.

Glücksgefühle

Glück haben und glücklich sein

Es gibt einen großen Unterschied zwischen »Glück haben« und »glücklich sein«. Ein Sechser im Lotto, eine Chance, die sich uns unvermittelt bietet, ein Zufall, der Dinge zum Guten wendet – das sind Situationen, in denen wir einfach Glück haben. Und man kann eine Menge Glück haben, ohne dabei glücklich zu sein. Das wirkliche Glücklichsein lässt sich viel schwerer fassen. Wir empfinden Glück in bewegenden und wichtigen Momenten unseres Lebens: bei der Geburt eines Kindes oder der Hochzeit mit dem geliebten Partner. Und es gibt ein Glücksgefühl, das sich in ganz »normalen« Momenten einstellt: an einem schönen Nachmittag mit der ganzen Familie, beim Anblick des ersten blühenden Baumes im Frühling oder einem mit Faulenzen verbrachten Nachmittag.

Glück kann man lernen

Das Glück hat viele Gesichter. Es kann sich immer wieder anders anfühlen. Doch wenn wir es spüren, dann wissen wir: Das ist es! Wir haben Sehnsucht nach diesem innerlichen Empfinden, das sich leider viel zu selten einstellen will. Dabei können wir einiges tun, um öfter und intensiver Glück zu spüren. Ein wichtiger Schritt dahin ist es, achtsam den Augenblick zu erleben, zu genießen und zu fühlen. Bewusst wahrgenommene Momente können eher Glücksgefühle in uns auslösen. Halten Sie einmal inne und probieren Sie es aus! Betrachten Sie beispielsweise sehr intensiv Ihr Kind, wenn es Ihnen von etwas Lustigem oder Schönem berichtet. Ist es nicht wunderbar, wie es sich schon auszudrücken versteht, mit seinen Worten, mit seiner Mimik und Gestik? Ein kleiner Augenblick im familiären Alltag – ein großer Glücksmoment für Sie!

Was brauchen wir zum Glücklichsein?

Wir denken häufig, zum Glück gehört, das zu bekommen, was man sich wünscht: den Traumjob, ein größeres Haus oder eben den Lottogewinn. Dabei sind sich alle Studien einig: Es sind eher die unspektakulären Dinge des Lebens, die unser Leben glücklich machen: Familie, Freunde, Liebe, Zufriedenheit, innere Ruhe und eine aktive Lebenseinstellung. Und vor allem geht es um die innere Einstellung, die uns dankbar und optimistisch auf unser Leben blicken lässt.

Glücklich leben

Das Rezept für ein glückliches Leben lässt sich im Grunde einfach zusammenfassen: Die schönen Momente verstärken, auskosten und immer wieder herbeiführen. Und alles Negative – Ärger, Angst und Stress – unter Kontrolle halten. Leider ist das im Alltag nicht ganz so einfach. Wir können den Anteil der »schlechten« Dinge an unserem Leben nicht wirklich ändern und irgendwie gehören sie ja auch dazu. Aber wir können an unserer Wahrnehmung arbeiten. Wir können den schönen Dingen eine viel größere Bedeutung beimessen. Wir können lernen, auch das kleinste Zipfelchen Glück in einem lachenden Kind zu sehen und mitzunehmen. Und wir können all unsere Energie daran legen, uns glückliche Momente zu schaffen.

Die Glücksliste

Versuchen Sie, die glücklichen Momente der letzten Woche aufzuschreiben. Jedes Familienmitglied kann seine eigene Liste zusammenstellen. Am nächsten Wochenende ist die nächste Liste fällig und ganz sicher werden alle jetzt viel besser aufpassen, um die schönen Momente zu erhaschen.

Was für ein Glück!

Wenn gerade mal alles nicht so gut läuft, setzen Sie sich doch mit der ganzen Familie hin und schauen auf Ihr gemeinsames Leben. Was für ein Glück, dass Sie alle gesund sind, dass Sie einander haben, dass Sie laufen, atmen und schmecken können! Was für ein Glück, ausgerechnet diesen besonderen Kater im Tierheim ausgesucht zu haben. Und wie schön ist das Leben durch Oma und Opa! Wenn Sie Ihr Kind von klein auf vor allem auf die schönen Dinge aufmerksam machen, trainieren Sie sozusagen seinen »Glücksmuskel«. Sie können die Augen Ihres Kindes für die Schönheit der ganz normalen Dinge öffnen: das Rieseln der ersten Schneeflocken, tanzende Sonnenstrahlen oder das Glück, eine Schwester zu haben.

Was ich nicht weiß, macht mich nicht heiß!

Oberflächlichkeit kann manchmal ganz gut tun. Sie müssen nicht jedes Problem bis ins Letzte zergrübeln oder über alle unerfreulichen Begebenheiten ganz genau informiert sein. Wenn Sie Ihren Problemen und den vielleicht nicht ganz so perfekten Seiten des Lebens weniger Zeit in Ihren Gedanken einräumen, leben Sie viel unbeschwerter.

»Lächeln hebt die Laune. Deshalb ziehe ich bewusst die Mundwinkel hoch, wenn ich in Kummer oder Zorn zu versinken drohe: Diese Übung ein paar Mal hintereinander und die belastenden Gefühle lichten sich, lassen sich wieder konstruktiv bearbeiten. Daher fordere ich auch meine Kinder auf, wenn sie lange grollen oder leiden: ›Mundwinkel hoch‹. Dem kann sich keiner lange entziehen, meistens entwickelt sich daraus schnell ein befreiendes echtes Lachen, dem sich die Bewältigung der vorausgegangenen Schwierigkeiten anschließt.« Cornelia Stekl aus Bad Wiessee

Bitte lächeln!

Versuchen Sie mal zu lachen, auch wenn Ihnen gar nicht danach ist. Die nach oben gezogenen Gesichtsmuskeln melden dann nämlich ans Gehirn: Es gibt Grund zur Freude! Und es klappt wirklich. Also lachen oder lächeln Sie so oft Sie können!

Aktivität

Glück ist auch: ein ausgefülltes Leben, in dem Sie Ihre Stärken und Talente ausloten. Lassen Sie Ihre Neigungen und Träume nicht verkümmern, nutzen Sie Ihre Gaben und lassen Sie sich ruhig auch von anderen dafür bewundern.

Bewegung macht glücklich

Jeder weiß: Sport ist gut für Körper, Geist und Seele. Und doch haben die meisten von uns Probleme, sich dazu aufzuraffen. Wissenschaftliche Studien sagen, dass sich durch Bewegung die Biochemie des Körpers verändert. Es werden vermehrt Stoffe ausgeschüttet, die die Psyche aufhellen, Glücksgefühle erzeugen und die Lebenslust steigern.

Freunde sind wichtig

Menschen brauchen die Nähe und die Beziehung zu anderen Menschen. Neben der Familie können uns Freunde das warme Gefühl der Geborgenheit geben. Im Zusammensein mit einem geschätzten Menschen fühlen wir uns unbeschwert und voller Vertrauen. Wenn wir viel um die Ohren haben, Stress und Termindruck uns belasten, sind es häufig zuerst die Freunde, die zu kurz kommen. Und genau das sollte nicht sein. Eine unbeschwerte Stunde im vertrauten Gespräch kann uns viel mehr Kraft und Power für das vor uns Liegende geben als ein weiterer arbeitsintensiver Abend.

»Trampolinspringen lässt Wut und Unzufriedenheit verfliegen und fördert Gleichgewichtssinn und positive Gefühle.«
Katrin Firmthaler aus Webau

Kinder brauchen Freunde

Etwa ab dem dritten Lebensjahr gehören Freunde für Kinder dazu. Nach ihren schönsten Kindheitserinnerungen befragt, erwähnen Erwachsene oft ihre Erlebnisse und Abenteuer mit Spielgefährten. Freunde sind aber nicht nur Menschen, mit denen ein Kind tolle Streiche aushecken und zusammenhalten kann. Im Umgang und der Auseinandersetzung mit Gleichaltrigen kann Ihr Kind seine sozialen und emotionalen Kompetenzen ausprobieren und üben. Hier steht es vielleicht zum ersten Mal nicht im Mittelpunkt, sondern muss darauf Rücksicht nehmen, was andere wollen, fühlen oder brauchen. Nur mit Freunden wird Ihr Kind die emotionalen Kompetenzen erwerben können, die es für ein erfülltes Leben braucht.

Gefühl für Gleichgewicht und Harmonie

Die Balance von Körper, Seele und Geist

Immer mehr Menschen suchen in der heutigen Zeit nach Möglichkeiten, das innere Gleichgewicht zu halten oder wiederherzustellen. Sie möchten sich einfach wohl fühlen und das Richtige für sich und die Familie tun. Jeder von uns, ob erwachsen oder Kind, hat eine ganz individuelle Wahrnehmung von Wohlgefühl, Ausgeglichenheit und Zufriedenheit. In der Hektik des Alltags »überhören« wir oft unsere innere Stimme. Erst wenn Seele und Körper auf sich aufmerksam machen – und hier sind die Symptome so unterschiedlich wie wir Menschen selbst –, fragen wir uns, was wir tun können, um beides wieder ins Gleichgewicht zu bringen. Dann und auch wenn es uns gut geht, brauchen wir Methoden und Hilfen, die Balance von Körper und Geist zu halten. Wir möchten Ihnen dazu einige der bekanntesten Methoden und Gesundheitslehren kurz vorstellen.

Eine Kunst, die viele Menschen verlernt haben, ist das Entspannen. Die Fähigkeit »loszulassen«, zur Ruhe zu kommen und sich wieder auf sich selbst zu besinnen, stellt jedoch einen unverzichtbaren Gegenpol zum heutigen Lebensstil dar. Ein einfaches, in kurzer Zeit erlernbares und sehr effektives Entspannungsverfahren ist die **Progressive Muskelentspannung.** Je größer die psychische Anspannung durch Ereignisse wie Stress, Angst oder Ärger, desto ausgeprägter sind muskuläre Anspannungen. Mit Hilfe der Progressiven Muskelentspannung lässt sich ein besseres Wahrnehmungsgefühl für den Körper entwickeln, lassen sich Nervensystem und Kreislauf positiv beeinflussen. Sie werden gelassener und ruhiger, fühlen sich frischer. In den ersten Wochen sollten Sie sich täglich 20–30 Minuten Zeit nehmen, um das Verfahren einzuüben. Später reicht ein Minimum an Zeit, um den Zustand tiefer Entspannung zu erreichen.

Beim **Autogenen Training** lernt man, sich durch Konzentration selbst zu entspannen. Durch Übungen, die das Gefühl von Körperschwere und -wärme erzeugen und den Atem regulieren, wird das Empfinden für die Vorgänge des eigenen Körpers verstärkt.

Die Rückbesinnung auf natürliche Heilmethoden und Selbstheilungskräfte des eigenen Körpers entspricht einer alten Einsicht: »Medicus curat, natura sanat« – »Der Arzt hilft, aber es heilt die Natur.« Wenn es darum geht, Körper und Geist in Einklang miteinander zu bringen, lohnt sich ein Blick auf fernöstliche Gesundheitslehren, die zunehmend auch hierzulande angewandt werden.

»Draußen in Bewegung zu sein – bei Wind und Wetter –, bewirkt meistens, dass sich vorhandene negative Gefühle relativieren. Wir kehren dann entspannt, glücklich und oft auch schmutzig nach Hause zurück. Nach diesen Ausflügen sind Körper und Geist im Einklang. Die unter uns herrschende Harmonie scheint fast greifbar.«
Eva Bode aus Reiskirchen

Wie gehen Familien mit stressigen Situationen um? Anja Flehmig aus Süderlügum ist Mutter von zwei quirligen Töchtern: »Ich rede mit ihnen über das Problem, lasse dabei ein Bad mit gaaanz viel Schaum ein. Statt des Kerzenscheins wird die bunte Lichterkette in sicherer Entfernung aufgehängt, Gardinen zu, Heizung an, Handtuch drauf (damit es hinterher schön warm ist) und einen leckeren Saft und Gummibärchen an die Badewanne! Dazu mache ich beruhigende Musik an, beispielsweise Walgesänge, und lasse ein Kind in Ruhe baden. Wichtig ist: Kein Geschimpfe! Meine Töchter genießen diese Fürsorge und das Gefühl vom Großsein sehr.«

Die **TCM – Traditionelle Chinesische Medizin** besteht seit nahezu 3000 Jahren. Erfahrung, Beobachtung und Philosophie sind die Grundlagen, aus denen sie sich entwickelte. Prävention im täglichen Leben spielt in der TCM eine große Rolle. Dazu gehören eine ausgewogene und gesunde Ernährung sowie Qi Gong und Thai Chi. Die Bewegungsübungen bringen Körper, Geist und Seele in Einklang. Eine gesunde Ernährung unterstützt dieses Ziel. Daneben gibt es Akupunktur, Akupressur und eine spezielle Kräutermedizin als medizinische Möglichkeiten, Disharmonien im Körper auszugleichen.

Der **Ayurveda** kommt aus Indien und ist die älteste uns bekannte Gesundheitslehre. Sie beinhaltet ein ganzheitliches Diagnose- und Therapieverfahren wie Öl- und Wärmebehandlungen, eine ausgeklügelte Ernährungslehre, eine auf pflanzlichen Präparaten basierende Pharmakologie und die Wissenschaft des Yoga. Körper, Geist und Seele sollen ins Gleichgewicht gebracht werden. Ayurveda hilft das Allgemeinbefinden zu verbessern. Sie lernen, wieder mehr auf die natürlichen Bedürfnisse Ihres Körpers zu achten und möglichst auch danach zu leben.

Es mag sein, dass uns die beiden fernöstlichen Lehren auf den ersten Blick eher kompliziert und befremdlich erscheinen. Aber wer sich näher damit beschäftigt und sich öffnet für andere medizinische Kulturen und Philosophien, der wird verstehen und erkennen, dass sie so fremd gar nicht sind. Zwei Fachbeiträge dazu finden Sie auf den folgenden Seiten.

Die Bedeutung der Gefühle im Ayurveda

Auszug aus einem Fachbeitrag von Gernot Knoell, freier Journalist mit Arbeitsschwerpunkt Indien, verheiratet mit der indischen Ayurveda-Ärztin und Yoga-Therapeutin Asha Thomas-Knoell

Der in Indien beheimatete Ayurveda, mit seinem 5000 Jahre alten Erfahrungsschatz die umfassendste und älteste Wissenschaft vom Menschen, seinen Störungen und deren Heilung, definierte schon vor 2600 Jahren den Gesundheitsbegriff wie folgt: »Der Mensch wird gesund genannt, dessen Körper, Physiologie, Stoffwechsel und Verdauung normal und ausgewogen funktionieren und dessen Sinne, Geist und Seele sich im Zustand der Harmonie und des Glücks befinden.«

Grundlagen des Ayurveda sind die drei Bioenergien Vata, Pitta und Kapha, die so genannten Doshas. Sie steuern alle physiologischen Vorgänge im menschlichen Körper und sind in jedem Einzelnen in einem für ihn typischen Mischungsverhältnis wirksam. Besteht ein – individuell typisches – Gleichgewicht, ist der Mensch gesund; im Zustand des Ungleichgewichts verursachen die Doshas zunächst Funktionsstörungen und, wenn diese nicht beachtet werden, Krankheiten unterschiedlichster Art. Vorbeugend gilt es also, das für den Einzelnen typische Gleichgewicht der Doshas zu erhalten.

Das Individuum Mensch

Bei der Suche nach den Ursachen einer Dosha-Störung wird die jeweils individuelle Veranlagung des Einzelnen berücksichtigt, seine familiäre und berufliche Situation beachtet, ebenso sein Lebensalter, seine Ernährungs- und Schlafgewohnheiten, seine Freizeitgestaltung, klimatische Bedingungen und – ganz wesentlich – die Ausprägungen von Emotionalität, denen er ausgesetzt ist oder die er selbst produziert. Die Interaktion zwischen dem Körper, dem Geist und der Psyche erklärt der Ayurveda mit der Wechselwirkung zwischen den drei Doshas Vata, Pitta und Kapha einerseits und drei anderen kosmischen Prinzipien, den so genannten drei »Gunas« Sattva, Rajas und Tamas, die man auch als Mental-Doshas verstehen kann. Ist dieses Zusammenwirken gestört durch negative Emotionen wie Ängste, Wut, Hass, Neid, Habgier, Traurigkeit und Eifersucht, hat dies Rückwirkungen auf den Körper und löst Dosha-Störungen aus. Stress zielt auf den Magen, den Dickdarm und das Herz; Hass beeinträchtigt die Gallenblase, Ängste die Nieren, Wut schädigt die Leber und exzessives Besitzstreben die Milz.

Der Begriff »Ayurveda« kommt aus dem Altindischen und bedeutet soviel wie Wissenschaft vom Leben.

Vata *als Prinzip der Bewegung steuert unseren Atem, unsere Motorik und Sprache.*
Pitta *als Prinzip der Umwandlung steuert Hunger, Durst, Verdauung, Intelligenz.*
Kapha *als Prinzip der Struktur gibt dem Körper Stabilität, Ausdauer und Widerstandsfähigkeit. Während diese drei Faktoren unsere Physis, den Körper krankhaft verändern können, so beeinflussen die beiden Faktoren* **Rajas** *(Passion) und* **Tamas** *(Passivität) die Psyche des Menschen negativ.* **Sattva** *(Makellosigkeit) gilt als gesundheitsfördernder Faktor.*

»Um zur Ruhe zu kommen und sich auch einmal vom Alltagsstress zu entspannen, ist Yoga eine tolle Erfahrung für gestresste Mütter«, findet Dagmar Euler aus Eppertshausen. »Ich bin mit meinem Körper bewusster umgegangen und habe mehr in mich hineingespürt.«

Teil der Ayurveda-Philosophie ist die Lehre des Yoga

Der Yoga-Philosophie ist die Unterscheidung zwischen positiven und negativen Gefühlen fremd. Jedes Gefühl enthält nach ihrer Sicht sowohl positive wie auch negative Kräfte. Wie aber lässt sich nun die fatale Neigung der Gefühle, uns beherrschen zu wollen, entschärfen, ohne dass ich diese Gefühle einfach unterdrücke? Als Problemlösungsstrategie strebt der Yoga-Weg den »intelligenten« Umgang mit den Emotionen an. Die Fähigkeit dazu erschließt sich uns durch den Prozess der Selbsterkenntnis: der Weg und das Ziel des Yoga. Der Imperativ: »Erkenne dich selbst!« Nun ist der Prozess des Sich-selbst-Erkennens keine leichte Übung. Unser Blick auf die Wirklichkeit und uns selbst wird einerseits durch die individuell erlebte Vergangenheit eingeschränkt, andererseits durch unsere gesellschaftlich-kulturelle Prägung.

Wie gelange ich nun zu einer uneingetrübten Wahrnehmung der Wirklichkeit und meiner selbst? Das einzig Wirksame ist nach der Yoga-Philosophie die äußerste Konzentration der Geisteskräfte, die entsteht, »wenn Fühlen und Denken auf eine Sache ausgerichtet sind und dadurch zur Einheit verschmelzen«. Das setzt zweierlei voraus: das Zur-Ruhe-Kommen unseres rastlosen Geistes und die Fähigkeit zur Selbstbeobachtung und Dekonditionierung.

Innere Achtsamkeit

Erst wenn der Geist zur Ruhe kommt, kann sich »innere ACHTSAMKEIT« entwickeln, und nur durch sie kann sich mein Geist so entwickeln, dass eine kritische Selbstbeobachtung möglich wird. Achtsamkeit darf nicht verstanden werden als eine kurzfristig erlernbare Fähigkeit, die ich in bestimmten Bedarfssituationen abrufe. Es ist eine Grundhaltung, die sich in jeder Alltagssituation trainieren, weiterentwickeln und festigen lässt, indem ich mit ungeteilter Aufmerksamkeit jeweils bei dem bin, was ich gerade tue. Mit der Achtsamkeit gegenüber unserem gesellschaftlichen Umfeld entwickeln wir ein hohes Maß an sozialer Kompetenz: Wir lernen, im Gespräch dem anderen besser, das heißt einfühlsamer zuzuhören, was zu einem verständnisvolleren Nachvollzug der Gedanken und Gefühle unserer Mitmenschen hinführt.

Mit dem Blick auf die vorbeugende Funktion des Ayurveda gewinnt die Fähigkeit zur achtsamen Selbstbeobachtung einen bedeutsamen Stellenwert: Sie sichert uns eine sensiblere und schärfere Wahrnehmung der durch Ärger, Frust, Furcht, Stress verursachten körperlichen Veränderung. Überforderungssymptome nehme ich früher wahr und kann durch Verhaltensveränderungen ihrer Manifestation als behandlungsbedürftige Krankheit vorbeugen. Oft ist das mit einfachen Strategien der Bewusstwerdung möglich: Wie weit produziere ich meinen Stress nicht selbst, etwa durch Planungsmängel oder unökonomisches Zeitmanagement? Tiefere Einsicht erfordert die Erkenntnis, dass meine Emotionen in einem von mir verinnerlichten Rollenklischee wurzeln: »Ich will es allen recht machen« – ein vorwiegend weibliches Muster – oder »Ich darf keine Schwäche zeigen« – ein typisch männliches Selbstbild – oder auch »Ich darf niemals einen Fehler machen«. Solche Denkschablonen, die hier nur für viele andere stehen, verhindern eine natürliche Bedürfnisbefriedigung und produzieren zahlreiche Negativ-Emotionen, nicht zuletzt auch Stress.

In seiner dreifachen Funktion als präventive Gesundheitslehre, als Lebensphilosophie und als Medizinwissenschaft erforscht der Ayurveda die Beziehung zwischen den emotionalen, physiologischen und mentalen Prozessen menschlicher Existenz und misst dabei dem Geistig-Seelischen und dessen Zusammenspiel mit dem Körper eine wesentliche Bedeutung zu.

Ausblick:
Der immense Wert des ayurvedischen Wissens für jeden Einzelnen von uns liegt in seiner Bedeutung als Lebenskunde. Durch ein geschärftes Bewusstsein gegenüber den Zusammenhängen von Ursache und Wirkung beim Entstehen gesundheitlicher Störungen lernt der Laie einen eigenverantwortlichen Umgang mit Gesundheit und Krankheit. Vielleicht vermag jahrtausendealte Weisheit, gestützt und bestätigt durch heutige wissenschaftliche Erkenntnisse, dazu beitragen, unser Leben im umfassenden Sinne des Wortes »gesünder« zu gestalten.

Vom Störfaktor wegdenken

Eine andere Art des Umdenkens, die sich bei der Entschärfung von Stress- oder Konfliktsituationen als erfolgreich erweist, bedient sich der durch Yogaübungen geschulten Konzentrationsfähigkeit: Durch eine Umlenkung meiner Wahrnehmung weg von dem Störfaktor hin zu einem alternativen Konzentrationsobjekt kann ich das Aufkommen von Negativ-Emotionen von vornherein vermeiden. Einige Beispiele: Anstatt in der Warteschlange vor der Supermarktkasse Ärger und Nervosität aufkommen zu lassen, kann ich die Zeitung lesen, die ich gekauft habe, oder die auf interessante Weise verschiedenen Menschen vor mir beobachten. Im Stau auf der Autobahn konzentriere ich mich auf angenehme Gedanken, auf eine Kassette mit beruhigender Musik, ein Hörbuch oder ein Krimi-Hörspiel. Den Worten eines Kontrahenten, der mich verbal ausfallend attackiert, mich anbrüllt, entziehe ich einfach meine Aufmerksamkeit, lasse sie durch mich hindurchgehen und konzentriere mich darauf, welch lächerliches Bild der Tobende abgibt.

Nach der Ayurveda / Yoga-Philosophie entscheidet die Ausprägung unseres (trainierbaren!) reflektierenden Bewusstseins über unser Vermögen umzudenken, unsere Blickrichtung zu ändern. Auch dabei kann der Yoga mit seinen spezifischen Entspannungs- und Meditationsübungen sowie korrigierenden Visualisierungstechniken wertvolle Hilfe leisten und die Umstellung auf eine positivere und damit gesündere Grundeinstellung einleiten.

TCM – die Lehre von den sich ergänzenden Gegensätzen

Dr. Alexander Pan, Gesundheitszentrum Saarschleife, Europäisches Zentrum für Traditionelle Chinesische Medizin, Mettlach-Orscholz, und Dr. Liqin Herkula, praktizierende TCM-Ärztin, Qi Gong- und Thai Chi-Lehrerin, Dortmund, erläutern Fragen zu Philosophie und Wirkungsweise der TCM.

Die Traditionelle Chinesische Medizin – kurz TCM – ist seit einigen Jahren auch in Deutschland fester Bestandteil der alternativen Medizin. Was versteht man darunter? Pan: TCM ist eine circa 3000 Jahre alte, schriftlich überlieferte Heilmethode, deren Wurzeln sich noch einige tausend Jahre weiter zurückverfolgen lassen. Die Chinesische Medizin begreift den Menschen ganzheitlich als einen Mikrokosmos und setzt ihn dabei immer in Beziehung zu dem ihn umgebenden Makrokosmos, seiner Umwelt. **Herkula:** Die TCM geht größtenteils aus der Yin-Yang-Theorie hervor und diese wiederum aus der Philosophie des Taoismus. Die Yin-Yang-Theorie beruht auf dem philosophischen Konzept von zwei polaren Gegensätzen. Yin und Yang gehören zusammen und brauchen einander. Sie können nur miteinander, nicht ohne einander.

Yin *bedeutet: Kälte, Ruhe, Dunkelheit/Nacht, Weiblichkeit, Wasser/Feuchtigkeit, Mond, Empfängnis, Passivität, das Innere.*
Yang *bedeutet: Wärme, Bewegung, Helligkeit, Tag, Männlichkeit, Anregung, Aktivität, Feuer, Sonne, das Äußere.*

Welche Begriffe von Gesundheit und Krankheit liegen der TCM zugrunde? Herkula: Ein Mensch hat drei Schätze: Jin, Qi und Shen. **Jin** besteht vereinfacht aus der ererbten Begabung und aus den Entfaltungsmöglichkeiten im täglichen Leben. Jin ist dem Yin zuzuordnen und ernährt das Qi. **Qi** wird gestärkt durch die Atmung und gesunde Ernährung und ist dem Yang zuzuordnen. Wenn Jin und Qi in Ordnung sind, dann entsteht ein gutes Shen. **Shen** ist vereinfacht der Geist und die Ausstrahlung. Shen besteht ebenfalls aus den ererbten und entfalteten Begabungen. Die drei Schätze regeln Yin und Yang.
Pan: Für die Traditionelle Chinesische Medizin ist der menschliche Körper eine Einheit, ein zusammenhängendes System. Alle Körperteile und Organe sind durch Energiebahnen – Meridiane – miteinander verbunden. In der Auffassung der TCM ist ein Mensch dann gesund, wenn sich alle seine Energien in einem wohltemperierten Gleichgewicht befinden, wenn sie ungehindert fließen können. Krankheiten entstehen dagegen durch ein Ungleichgewicht der Kräfte und Blockaden im Körper. Dabei ist die diagnostizierbare Störung nur ein Teil des Ganzen. Sie ist wie die Spitze eines Eisbergs, dessen größter Teil für unser Auge nicht erkennbar unter der Wasseroberfläche liegt. In der TCM wird neben dem Symptom nicht nur das oberflächlich sichtbare Krankheitsbild behandelt, sondern immer auch deren Ursache.

Wie beurteilt die TCM Krankheiten? Pan: Die TCM begreift ein Virus, ein Bakterium oder ein Allergen nicht als die Ursache einer Krankheit. Sie sieht in ihnen nicht mehr als einen Reiz. Das instabile, nicht ausbalancierte Körpersystem des betroffenen Menschen antwortet auf diesen Reiz mit einer Krankheit. Weil alle Menschen in ihrem System einmalig sind, kann ein und derselbe Reiz ganz verschiedene Symptome verursachen oder auch wirkungslos bleiben. Alle Symptome der Gegenwart und auch der Vergangenheit stehen dabei miteinander in Beziehung. Es wird also beispielsweise nicht allein die Haut untersucht und behandelt oder der Kopf, sondern immer der Mensch als ein Ganzes.

Welchen Einfluss hat das Yin-Yang-Gleichgewicht auf die Gesundheit? Herkula: Ein Mensch im Yin-und-Yang-Gleichgewicht ist psychisch und physisch gesund. Er ist aktiv, ausgeglichen, besitzt einen klaren Geist. Gleichzeitig besitzt er innere Ruhe, ist voller Lebenslust, hat ein starkes Selbstbewusstsein, ist offen für seine Gefühle und die Gefühle anderer. Ist das Yin-Yang-Verhältnis gestört, dann fühlt der Mensch sich kraftlos, gereizt oder gar aggressiv, innerlich unruhig, deprimiert, unkonzentriert, überempfindlich und nicht empathiefähig. Ist die Yin-Yang-Energie stark gestört, können Krankheiten die Folge sein.

Welche Ursachen können in der Vorstellung der TCM Erkrankungen auslösen? Pan: Es gibt vier Gruppen von Einflüssen, die das Gleichgewicht des Körpers stören und zu einer Krankheit führen können:

1. *Klimafaktoren wie Wind, Kälte, Hitze oder Feuchtigkeit*
2. *falsche Ernährung*
3. *äußere Verletzungen*
4. *Gemütsbewegungen, die so genannten sieben Sentimente: Wut, Kummer, Trauer, Angst, Bestürzung, übermäßige Freude und Sehnsucht – Sehnsucht auch im Sinne von: Ich kann mich gedanklich nicht abgrenzen. Das Rad der Gedanken dreht und dreht sich.*

Welcher Zusammenhang besteht zwischen der emotionalen und der körperlichen Ebene? Pan: Die TCM ordnet jede der genannten Emotionen einem Organsystem zu: Die Wut hängt mit der Leber zusammen, Kummer und Sehnsucht wirken auf die Milz und das Magensystem, Angst und Bestürzung beeinflussen das Nierensystem, übermäßige Freude ist dem Herzsystem zugeordnet und Trauer dem Lungensystem.
Herkula: Yin und Yang beeinflussen maßgeblich die physische und psychische Gesundheit. Wenn das Qi (Yang) stark ist, kann es das Blut (Yin) gut leiten und zu jedem Organ und jedem Gebiet des Körpers transpor-

tieren. Wenn das Blut zu schwach ist, können Organe wie das Herz nicht richtig versorgt werden, die Atmung ist oberflächlich. Wird beispielsweise die Leber nicht richtig versorgt, werden weniger Gallensäfte produziert; die Verdauung ist gestört. Durch diese Yin-Yang-Störung kommt es automatisch zur psychischen Störung. Qi und das Jin (Blut) nähren den Kopf und den Geist. Wenn dies nicht ausreichend geschieht, ist der Mensch unkonzentriert, überempfindlich, gereizt oder ängstlich.

Wer selbst scheinen will,
wird nicht erleuchtet.
Wer selbst etwas sein will,
wird nicht herrlich.
Laotse, chinesischer Philosoph

Emotionen können also körperliche Beschwerden auslösen. Können auch körperliche Beschwerden die Ursache von negativen Emotionen sein? **Pan:** Ganz genau. Die genannten sieben Sentimente können ihre Ursache einmal in einem starken Reiz haben, der von außen kommt. Genauso können sie aber auch die Schwächung des ihnen zugeordneten Organsystems ausdrücken. Wenn mir jemand spontan große Angst macht, hat dies Einfluss auf das Nierensystem und ich kann vielleicht meine Blase nicht mehr kontrollieren. Genauso kann auch ein Patient unter einer Schwäche des Nierensystems leiden, die sich in unbestimmten Ängsten ausdrückt. Wenn ich einen wichtigen Menschen verloren habe, kann sich die Trauer auf das Lungensystem auswirken. Die Folge: Ich fühle mich »wie eingeschnürt« und bin kurzatmig. Oder ich habe eine Lungenfunktionsschwäche und neige daher zu Melancholie und Traurigkeit.

Wie schaffe ich es aus Sicht der TCM, emotional stark zu sein?
Herkula: Die Yin-Yang-Theorie als Grundlage der TCM entfaltet sich täglich in unserem Leben. Sich ergänzende Gegensätze finden wir überall: Sein und Nichtsein erzeugen einander. Vorher und nachher folgen einander. Yin und Yang kontrollieren sich gegenseitig. Yin und Yang verwandeln sich ineinander. Diese ständige Transformation ist die Quelle aller Veränderung, ein Geben und Nehmen. Dem Einatmen folgt das Ausatmen. Dem Tag folgt die Nacht. Nach dem Regen kommt die Sonne. Nach der Traurigkeit kommt das Lachen. Wenn man nehmen will, muss man erst geben. Wenn die Menschen verstehen, Yin und Yang im Gleichgewicht zu halten, dann verstehen sie die Naturphänomene des Universums. Wichtig ist es, Dinge ohne Zwang und erhöhten Kraftaufwand zu akzeptieren. So kann man im Augenblick leben und ihn genießen, loslassen und Ereignisse mit offenen Armen empfangen. Entscheidungen werden spontan gefasst und das Verhalten ist intuitiv. Ungeduld ist unbekannt, man hat ein klares Verhältnis zu seinen Gefühlen. Wenn ein Mensch seine Gefühle zulässt, fließen Yin und Yang. Das Blut zirkuliert und versorgt alle Organe, Kopf und Geist. Dieser positive Kreislauf macht unser Leben glücklich.

Reformhaus

Gesund genießen ist ganz einfach

Dass Liebe sprichwörtlich durch den Magen geht, gilt auch für die Familie. Selbst wenn sie es nicht immer zeigen: Kinder spüren, wenn ihre Umgebung liebevoll gestaltet ist. Und dazu gehören auch die gemeinsamen Mahlzeiten, ein abwechslungsreicher Pausensnack für die Schule – und die Zeit, die sich die Familie für alles rund ums Essen nimmt.

Nichts hat so großen Einfluss auf unser Wohlbefinden wie das, was wir essen. Eine sinnvoll zusammengesetzte Ernährung ist eine wichtige Voraussetzung, um körperlich und geistig gesund, fit und leistungsfähig zu sein und sich auch so zu fühlen.

Eine gute Mahlzeit erfüllt noch viele weitere Aufgaben. Essen spricht unsere Sinne an. Es bedeutet Kommunikation, Vergnügen, sinnliches Erleben. Das gemeinsame Essen, die Einladung zum Essen, die Familie trifft sich zum Essen – ein Ritual, das gerade für Kinder sehr wichtig ist und das Zusammengehörigkeitsgefühl innerhalb der Familie fördert.

Die richtige Ernährung – (k)ein Kinderspiel?

Jedes vierte bis fünfte Kind ist zu dick. Falsche Ernährung mit zu viel Fett und Zucker und zu wenig körperliche Bewegung sind die Hauptursachen. Statt Sport und Spiel im Freien sind heute bei vielen Kids Computerspiele und TV angesagt. Der Spaß an der Bewegung bleibt dabei auf der Strecke und die Ernährung ist oft einseitig auf Fast Food und Süßes ausgerichtet. Eltern haben es heute nicht leicht, Kinder an eine gesunde Ernährung heranzuführen. Häufig fehlt auch die Zeit, mit frischen Lebensmitteln zu kochen.

Kinder essen mit allen Sinnen. Eine phantasievolle Dekoration und die richtige »Verpackung« bewirken wahre Wunder. Bunte Obstspieße überzeugen ganz sicher jedes Kind, schließlich sieht das viel cooler aus als so ein gewöhnlicher Apfel. Bällchen aus zerkleinertem Trockenobst und Nüssen machen beispielsweise jedem Schokoriegel Konkurrenz und sind gesunde Energielieferanten.

Eine gesunde und vollwertige Ernährung ist wichtig für die ganze Familie. Viele ernährungsbedingte Erkrankungen und Mangelerscheinungen lassen sich damit schon im Vorfeld vermeiden. Oft gibt es auch ganz persönliche Gründe, die Ernährung umzustellen: die bewusste Reduktion oder der Verzicht auf Fleischprodukte etwa; Krankheitsbilder, die eine disziplinierte Ernährung erfordern, um gesund zu werden oder zu bleiben, wie beispielsweise Milchzuckerunverträglichkeit, Zöliakie, Neurodermitis.

Wenn Ihnen daran liegt, dass in Obst und Gemüse mehr gesundheitsfördernde Pflanzenstoffe enthalten sind und der Gehalt an schädlichem Nitrat niedriger ist, dann sind Produkte aus kontrolliert biologischem Anbau eine gute Alternative.

Tipp:
Lassen Sie die Kids an Einkauf und Zubereitung der Mahlzeiten teilhaben. Kinder essen gerne das, was sie selbst zubereitet haben, und machen dabei ganz nebenbei spielerisch ihre ersten Kochversuche.

Absender Natur

Vollwertige und möglichst naturbelassene Lebensmittel stellen einen wesentlichen Bestandteil für eine effektive, persönliche Gesundheitsvorsorge dar. Eine gute Möglichkeit, sich gesund zu ernähren, bieten Reformhäuser. Für die dort angebotenen Lebensmittel gelten folgende Qualitätsrichtlinien:

- die kontrollierte Auswahl hochwertiger Rohstoffe
- die bevorzugte Verwendung von Rohstoffen aus kontrolliert biologischem Anbau
- die Produktion ohne chemisch-synthetische Zusatzstoffe
- der vollständige Verzicht auf Gentechnik
- die schonende und werterhaltende Verarbeitung
- keine Fetthärtung
- keine radioaktive Bestrahlung
- ein verantwortungsvoller Umgang mit Mensch, Tier und Umwelt

sowie

- qualifizierte Fachberatung rund um die Ernährung, insbesondere auch zu Lebensmittel-Allergien und Unverträglichkeiten.

Eine alte englische Volksweisheit sagt: »An apple a day keeps the doctor away« – frei übersetzt etwa: Ein Apfel pro Tag macht den Arzt überflüssig ...

Die Reformwarenhersteller verpflichten sich, ihre Produkte ständig in anerkannten Lebensmittellaboren überprüfen zu lassen. Außerdem gibt es eigene Qualitätsrichtlinien für jeden einzelnen Produktbereich, deren Einhaltung im neuform-Labor zusätzlich kontrolliert wird.

Mehr Informationen sind erhältlich im Internet unter: www.reformhaus.de

Naschen mit gutem Gewissen?

»Darf ich was Süßes haben?« Viele Eltern kommen in einen Zwiespalt, wenn ihr Kind nach Süßigkeiten fragt. Einerseits wissen wir, dass grundsätzlich nichts gegen ein Stück Schokolade einzuwenden ist. Schließlich – und das ist wissenschaftlich bewiesen – sorgt so ein Stück Schokolade sogar für Glücksgefühle. Zumindest kurzzeitig. Andererseits bleibt es meist nicht bei einem Stück.

Süßigkeiten sind ein schneller Energielieferant. Diesen positiven Effekt bewirken ebenso gut Trockenfrüchte wie Soft- oder Knusperfrüchte – für junge Energiebündel also genau richtig. Solche fruchtig süßen Snacks enthalten neben dem natürlichen fruchteigenen Zucker auch Vitamine wie das Nervenvitamin B1, Mineralstoffe wie Magnesium und Ballaststoffe, die die Aufnahme des Zuckers in die Blutbahn dosieren.

Das ist wichtig, denn Kinder haben noch nicht so große Glykogenspeicher, also Speicher für schnell verfügbare Glukose in ihrem Körper. Gehirn und Muskeln sind auf Glukose angewiesen, da Kinder viel mehr in Bewegung sind und der Verbrauch dadurch höher ist. Das Gehirn hat im Verhältnis einen größeren Anteil am gesamten Körper als beim Erwachsenen, auch dadurch haben Kinder einen höheren Verbrauch. Gesunde Zwischenmahlzeiten sind also wichtig.

Ernährungswissenschaftlern zufolge haben Kohlenhydrate einen positiven Einfluss auf unsere Stimmung. Verantwortlich für die gute Laune ist ein Stoff im Gehirn namens Serotonin. Kohlenhydrate unterstützen die Produktion von Serotonin. Es gibt unseren Nervenzellen den Befehl, die Seele von Dunkel auf Hell zu schalten.

Tipp:
*Kinder essen gerne Trockenfrüchte, wenn sie sie erst einmal kennen gelernt haben.
Sie schmecken lecker und sind auch bestens geeignet für unterwegs.*

Vitamine – Lebenselixier für die Zellen

Vitamine sind wichtig für unser Wohlbefinden und unsere Leistungsfähigkeit. Fehlen sie uns, merken wir das schnell. Wir fühlen uns nicht mehr wohl in unserer Haut, sind müde und abgeschlagen. Eine besondere Rolle nehmen die B-Vitamine ein. Denn sie sind die Manager unseres Stoffwechsels. Von ihnen hängt es ab, wie unser Gehirn arbeitet, wie viel Energie wir in jeder Minute unseres Tuns verspüren und wie viel Zeit unsere Körperzellen brauchen, um sich zu reparieren und zu erneuern.

B-Vitamine sind – bis auf das Vitamin B12 – alle wasserlöslich. Es ist daher kaum möglich, sie zu speichern. Da unser Stoffwechsel sie jedoch ständig benötigt, sollten wir darauf achten, sie immer in ausreichender Menge mit der Nahrung aufzunehmen. Fleisch und andere tierische Eiweiße gehören zwar zu den Hauptlieferanten der B-Gruppe, sind jedoch aus den bekannten Gründen nur bedingt zu empfehlen. Eine gesunde Alternative bietet beispielsweise Hefeextrakt. Hefeextrakt hat einen hohen Gehalt an B-Vitaminen und enthält weitere wichtige Bausteine für einen reibungslosen Ablauf unseres Stoffwechsels: Mineralstoffe wie Kalium und Natrium; Spurenelemente wie Eisen, Zink und Kupfer, außerdem lebensnotwendige Eiweißbausteine. Kurzum, ein idealer Nährstoffmix für Stressgeplagte, für Bewegungsaktive, für Kinder im Wachstum, für Schwangere oder Stillende. Hefeextrakt eignet sich als Brotaufstrich, Soßenfond und – beispielsweise mit Frischkäse vermischt – auch als leckerer Dip.

Öfter mal was Neues

Pausensnacks beugen dem Nachlassen der Konzentration vor und vermeiden Leistungstiefs. Leider sind Kinder oft anderer Ansicht als Mütter oder Väter, was optimale Gehirnnahrung ist. Kinder liebäugeln eher mit dem Pausenkiosk oder dem nächsten Bäckerladen als mit der Stullenbox.

Auch hier gilt: Das Auge isst mit. Ein Schulbrot schmeckt mit bunten Gemüsestreifen, Kräutern oder Salatblatt dekoriert gleich viel besser. Der Knabbermix aus verschiedenen Nusssorten wie Haselnüssen, Paranüssen, Macadamia, Pistazien und gerösteten Sojakernen wird bestimmt auf Gegenliebe stoßen. Und Trockenobst löst frisches Obst gern einmal ab. Abwechslung für die ganze Woche bieten beispielsweise auch Brotaufstriche aus kontrolliert biologischem Anbau. Denn da ist für jeden kleinen »Gourmet« etwas dabei: Basilikum-Tomate beispielsweise, Kichererbse, Paprika-Nuss, oder, oder... Und wenn Sie Ihrem Kind in das Schulmäppchen einen Zettel legen mit einer lustigen Botschaft oder guten Wünschen für die bevorstehende Mathearbeit, dann zeigen Sie ihm auch damit: »Du bist mir wichtig, ich hab' dich lieb!«.

Rezeptidee *für einen fröhlich-bunten Pausensnack: 1/2 Brotscheibe, beispielsweise Sonnenblumenbrot mit VITAM Tomate-Basilikum Brotaufstrich bedecken, Eierscheiben oder die Lieblingskäsesorte Ihres Sprösslings darüber legen, mit einem Salatblatt oder Gurkenscheiben als I-Tüpfelchen toppen, zweite Brothälfte darüber – fertig ist der Doppeldecker!*

Rund um die Gefühle

von Prof. Dr. Josef Kessler, Vater einer 5-jährigen Tochter; Bereichsleiter Neuropsychologie und Verhaltensneurologie am Max-Planck-Institut für neurologische Forschung und am Zentrum für Neurologie der Universität zu Köln

Was sind Gefühle? Wir alle haben sie, aber jemandem genau zu erklären, was das ist, fällt selbst Erwachsenen oft schwer. Das folgende **Kapitel für Kinder** *will zum Nachdenken anregen. Es soll zeigen, wie vielseitig Gefühle sind und wie sie zu uns gehören.*

Gefühle gehören zu dir. Aber was sind sie eigentlich? Kann man die zählen, so wie man Blumen und Steine zählen kann? Und wenn das so ist, wie viele gibt es eigentlich davon? Wie so oft in der Wissenschaft gibt es nicht nur eine Meinung. Gerade in der Erforschung der Gefühle sind ganz verschiedene Fachbereiche damit beschäftigt, aus ihrer Sichtweise und mit ihren Methoden Gefühle zu untersuchen und zu fragen, wie viele man unterscheiden kann. Zum Beispiel 10: nämlich Freude, Kummer, Überraschung, Schmerz, Zorn, Ekel, Geringschätzung, Furcht, Scham und Schuldgefühle. Oder 4: Freude, Trauer, Wut und Angst. Es soll in der deutschen Sprache mehr als 400 Gefühlswörter wie Groll, Glück, Stolz, Sehnsucht und so weiter geben.

Aber was ist das, wenn du einen kleinen Hund streicheln darfst oder wenn du die Spannung fast nicht mehr aushalten kannst, ob du dein von dir so ersehntes Weihnachtsgeschenk bekommst? Wie soll man Zärtlichkeiten und Erwartungen, aber auch die Liebe von Eltern zu ihrem Kind beschreiben? Es sind dann wohl Mischungen von den verschiedenen Gefühlen. Vielleicht so ähnlich, wie man die Farben Blau, Grün und Gelb zu ganz verschiedenen Farben mischen kann.

Christian Mews, 9 Jahre

Gefühle sind kurze Momente, die sich in ihrer Art – also Freude, Trauer, Angst – und ihrer Intensität, beispielsweise: »Das hat mich ein bisschen gefreut, das hat mich maßlos geärgert!«, ausdrücken lassen. Meistens beziehen sich Gefühle auch auf etwas: »Ich freue mich über etwas. Ich bin stolz auf etwas. Ich kann Angst haben«, das wäre ein Gefühl, und: »Ich kann ängstlich sein«, das wäre eine Eigenschaft.

Eins ist sicher: Ein trauriges Kind in Brasilien wird von allen anderen Kindern der Welt als traurig angesehen und ein lachendes Kind wird von allen anderen Kindern als ein fröhliches Kind angesehen. Einige Gefühle sind überall auf der Welt vergleichbar und damit angeboren.

Aber sie müssen sich entwickeln. Ein Neugeborenes hat erst einfache Gefühle wie Wohlbehagen, Interesse und manchmal Zorn. Nach sechs bis sieben Wochen kommt Freude hinzu und das Zurücklächeln erscheint. Nach vier bis sechs Monaten kommen Furcht, Aufregung, Ärger, Ekel, Überraschung, Freude und Traurigkeit hinzu. Nach ungefähr zwei Jahren, wenn ein Kind sich seiner selbst bewusst ist, können auch Schuld, Stolz und Verlegenheit hinzukommen.

Je nachdem, wie alt du bist, wirst du auf bestimmte Situationen verschieden reagieren. Das angerissene Ohr deines Teddybären kann für dich als kleines Kind eine Katastrophe sein und du vergießt viele Tränen. Als 10-jähriges Kind hast du für so etwas eher nur ein müdes Lächeln übrig. Besonders bei kleinen Kindern kann man sehen, wie Gefühle vollständig von ihnen Besitz ergreifen, aber auch wie rasch Tränen wieder trocknen können.

Wann entstehen Gefühle im Mutterleib?

Es sind schon bei 16 bis 20 Wochen alten Babys ängstliche Reaktionen wie Herzschlagänderungen oder Bewegungsänderungen beobachtet worden, als das Fruchtwasser der Mutter untersucht wurde. Auch scheinen Zwillinge im Mutterleib schon miteinander umzugehen. So sind sie beim Händchenhalten, beim Spielen, aber auch beim sich gegenseitig Treten oder Schlagen gesehen worden. Da soll es schon richtige Schlägereien gegeben haben. Auch ist von Proteststrampeln im Mutterleib nach schlechter, lauter Musik berichtet worden.

Sind das Gefühle?

Wissen wir, was ein anderes lachendes Kind empfindet? Können wir uns in den anderen so hineindenken, dass wir sagen können: »So ist es bei mir auch?« Wohl nie ganz. Es wird immer eine ganz persönliche Seite eines Gefühls geben, die du mit niemand anderem teilst. Vielleicht weil du auch nicht richtig darüber sprechen kannst.

Jedes Gefühl hat auch immer eine körperliche Seite. Wir kennen das alle: Das Herz rast unglaublich schnell, der rote Kopf scheint bald zu platzen, der ganze Körper zieht sich zusammen. Du bekommst weiche Knie und hast nur einen Gedanken: »Fort von hier!« Aber es gibt auch die Sonne im Herzen, die Schmetterlinge im Bauch oder einen warmen entspannten Zustand in der Badewanne. Gesteuert wird ein solches Auf und Ab von unserem Nervensystem. Genauer gesagt, werden die Gefühle zumindest oft von einem Teil des Nervensystems gesteuert, das zum Beispiel den Herzschlag erhöhen oder erniedrigen oder die Härchen an deinem Arm aufrichten kann. Man nennt es das vegetative Nervensystem.

Dieser Teil des Nervensystems steuert die glatte Muskulatur, den Herzmuskel und die Drüsen. Mit diesem System werden Energiereserven aufgebaut und mobilisiert.

Wir haben jetzt zwei Ansichten von Gefühlen kennen gelernt: den privaten, den inneren Teil des Gefühls, den nur du kennst, und den körperlichen Teil, wie Schwitzen und Weinen, der ein Gefühl begleitet oder ihm vorausgeht.

Das Sichtbare und das Unsichtbare der Gefühle

Es gibt natürlich noch einen anderen Teil des Gefühls, das ist das, was andere bei dir sehen oder was du bei anderen siehst. Nämlich ein lachendes Gesicht, einen verkniffenen Mund, herabhängende Schultern oder ein stolzes, aufgerichtetes Kind. Es gibt auch Unterschiede zwischen Männern und Frauen. Schauspielerinnen können etwa Furcht und Trauer besser darstellen und – wie könnte es anders sein – Männer das Gefühl der Wut besser zum Ausdruck bringen.

Buchtipp:
»Vom ersten Tag an anders«,
Simon Baron-Cohen,
Walter Verlag 2004

Der sichtbare Ausdruck von Gefühlen beschränkt sich nicht nur auf Menschen. Ein Hund, der uns schwanzwedelnd entgegenkommt, oder eine Katze, die schnurrt, ist entspannt und uns wohl gesonnen. Wir wissen aber auch, was es heißt, wenn eine Katze faucht und ihre Krallen herausfährt oder ein Hund seine Zähne fletscht und die Nackenhaare aufstellt.

Ob Ameisen Gefühle haben, darüber wissen wir nichts. In einem Zeichentrickfilm klagt die Ameise Z4195 darüber, dass sie möglicherweise zu sehr über ihre Situation nachdenkt, wie es ist, das mittlere von 5 Millionen Geschwistern zu sein. Sie fühlt sich vernachlässigt und minderwertig, weil sie zu wenig Aufmerksamkeit bekommt. Oder was fühlt ein Wurm, der von dem berühmten Naturforscher Darwin angeschrien wird, nur weil er herausfinden möchte, ob Würmer hören können?

Wir wissen es nicht.

Es gibt Menschen, die Schwierigkeiten haben, Gefühle wahrzunehmen und zu beschreiben, oder die nicht wissen, wie eine Körperreaktion, zum Beispiel Bauchweh, von einem Gefühl zu unterscheiden ist. Oft können diese Menschen auch keine Gefühle ausdrücken, haben kaum Phantasie und träumen auch wenig. Diese Menschen leiden an einer Alexithymie, einem Nicht-Lesen-Können von Gefühlen.

Das Internet, die Punkte, Striche, Klammern und die Gefühle

Lesen kann man Gefühle auch im Internet und auf dem Handy. Schon ziemlich zu Beginn des Internets sind diese Smileys oder auch Emoticons erschienen. Diese Bezeichnungen kommen aus dem Englischen: *smile* heißt lächeln, *emotion* heißt Gefühl.

Emoticons

Kennst du diese Smileys oder Emoticons? Schreibe bitte daneben, was sie bedeuten könnten. Die Lösung findest du auf der nächsten Seite.

: -)))	
; -)	
: - D	
: ' - (	
: , -)	
: D	

Wie entstehen Gefühle?

Vor mehr als 100 Jahren wurde behauptet, dass Gefühle immer dann entstehen, wenn unser Gehirn Änderungen im Körper bemerkt. Man muss sich das ungefähr so vorstellen: Du spielst Fußball auf der Straße und versehentlich zerschmetterst du eine Fensterscheibe beim Nachbarn. Jetzt kriegst du einen Schreck, dein Gesicht rötet sich, dein Herz schlägt schneller und es schwimmen auch noch Stresshormone in deinem Blut. Diese körperlichen Änderungen werden von deinem Gehirn bemerkt und du erschrickst. Also sind die körperlichen Änderungen das Gefühl »Schreck«.

Verkehrte Welt: Wir weinen nicht, weil wir traurig sind, sondern wir sind traurig, weil wir weinen. Oder: Durch das Wegrennen entstehen erst Gefühle der Angst.

Einer anderen Auffassung zufolge bewirken gefühlsbezogene Geschehnisse wie zum Beispiel der haarscharf am Tor vorbei geschossene Ball gleichzeitig Änderungen im Gehirn und in dem von dir jetzt schon gehörten vegetativen Nervensystem.

Heute weiß man, dass unsere Gefühle so vielfältig sind, dass keine der Theorien genau zutrifft. Noch ein Beispiel, um die verschiedenen Theorien noch einmal zusammenzufassen:

Stell dir vor, du siehst einen Bären, wohl bemerkt nicht hinter Gittern im Zoo, sondern im Wald. Du bekommst Angst und willst weglaufen. Das ist die übliche Vorstellung.

Bei der anderen Theorie, die die James-Lange-Theorie heißt, löst der Anblick des Bären Herzrasen, Muskelspannungen, Blutleere im Gesicht und Blutansammlungen in den Beinen aus und die Wahrnehmung der Körperreaktion macht dich dann ängstlich.

Bei der Cannon-Bard-Theorie wird der Bär gesichtet, gleichzeitig entsteht ein Gefühl der Angst und Körperreaktionen setzen ein.

Lösung Emoticons

: -))) Absender grinst extrem breit

; -) Absender zwinkert mit den Augen

: - D Absender lacht lauthals

: ' - (Absender weint

: , -) Absender weint vor Glück

: D lachender Knirpssmiley

Wer hat Recht mit den Gefühlstheorien?

Eine andere Theorie sagt, dass eine bestimmte Hirnregion, der so genannte Mandelkern, Ereignisse registriert, bewertet und mir dann letztlich sagt, ob es gefährlich werden kann für mich oder nicht.

Antonio Damasio, ein Nervenarzt aus den USA, sagt, dass das Zusammenspiel von Körper und Geist erst die Vorraussetzung für das Entstehen von Gefühlen ist. Für Damasio ist der Körper ein Verbündeter und ein Berater des Verstandes.

Leib und Seele arbeiten also zusammen. Verletzungen des Gehirns etwa durch einen Autounfall führen nicht immer zu einer geistigen Einschränkung, sondern zu einer Störung der Gefühlskontrolle.

»Wütend:
An meinem Bild erkennt man dieses Gefühl, da es sehr dunkel gehalten ist. Ich habe noch zusätzlich wild durcheinander gemalt und sehr stark aufgedrückt.«
René Stolpmann, 12 Jahre

Ein völlig anderer Mensch

Ein Patient, der in diesem Zusammenhang immer genannt wird, ist Phineas Gage, der 1848 bei Sprengarbeiten schwer verunglückte. Durch eine vorzeitige Explosion wurde ein Teil seines Gehirns und seines Schädels verletzt. Gage war nicht einmal bewusstlos und galt nach zwei Monaten als geheilt. Offenbar hatten seine Intelligenz und sein Gedächtnis keinen Schaden genommen, aber er war ein anderer Mensch geworden. Vor seinem Unfall galt er als gewissenhaft, praktisch, zuverlässig und ausgeglichen. Jetzt war er plötzlich das Gegenteil. Er war jähzornig, unberechenbar und unzuverlässig geworden. Er hielt es bei keiner Arbeit mehr lange aus und starb 13 Jahre später verarmt. Seine Hirnverletzung konnte 1994 nachgebildet werden. Es zeigte sich, dass vor allem die linksseitige untere Region des Stirnhirns betroffen war. Daraus und aus den Verletzungen anderer Patienten folgerte Damasio, dass diese Hirnregionen wohl für die Steuerungen von Handlungen und von Gefühlen zuständig seien.

Körper und Seele

Es kann vorkommen, dass uns etwas auf den Magen schlägt, dass wir vor Aufregung nicht essen können oder uns über etwas den Kopf zerbrechen. Wenn die Belastungen und Kränkungen lange anhalten, dann kann man krank werden. Eine Kränkung ist eine Verletzung der Gefühle. Wann immer es möglich ist, solltest du sagen, wenn du etwas nicht in Ordnung findest. Sprich mit deinen Eltern, dem Lehrer und Freunden darüber. Es wird nicht immer in jedem Fall sofort eine Lösung geben, aber wenn du dich zurückziehst und anfängst zu grübeln, dann kann es zu keiner Lösung kommen. Menschen mit chronischer Anspannung, sehr einsame Menschen oder auch sehr hilflose Menschen erkranken schneller, weil auch ihr Immunsystem, das Bakterien, Viren und andere Erreger bekämpfen soll, nicht mehr richtig funktioniert. Auch ist bekannt, dass Zorn und Trauer gesunde Menschen rasch herzkrank machen können.

Wenn sie wütend ist, wünscht sich die 8-jährige Irina Oehmke aus Berlin, dass ihr Stoffpandabär Pandi »meine Wut aufsaugt und an die Luft abgibt«. Am liebsten hat sie es dann außerdem, »dass meine Eltern mich wütend sein lassen und dann in Ruhe lassen«.

Es ist wichtig, dass man mit seinen Gefühlen und den Gefühlen anderer richtig umgehen kann. Ein Fach der Medizin beschäftigt sich mit Menschen, deren Gefühle andauernd verletzt wurden. Es ist die Psychosomatik: Psyche = Seele, Soma = Körper.

Aber so weit darf man es gar nicht kommen lassen. Traurigkeit und Einsamkeit gehören zum Leben. Auch Wut und Langeweile und auch Scheitern. Du sollst diese Gefühle auch kennen, aber sie müssen auch wieder weggehen.

Marc Rödel, 11 Jahre

Gefühle sind wichtig. Gefühle bestimmen deinen Alltag. Und wenn du dich wieder einmal über irgendetwas oder irgendjemanden sehr ärgerst, dann denk daran, dass es ganz sicher auch wieder viele, viele Momente gibt, in denen du dich so richtig freuen kannst!

Wir danken den Kindern und Erziehern der Tagesgruppe des Lebenshilfe e.V. im thüringischen Zeulenroda für ihre kreative Unterstützung.

Gespräche mit Gefühl

Wenn wir mit anderen Menschen sprechen, dann möchten wir uns »verständlich« machen oder die anderen »verstehen«. Dabei spielen die Gefühle hinter dem Gesagten eine große Rolle. Im Umgang mit unseren Kindern – aber auch mit allen erwachsenen Gesprächspartnern – kommt es darauf an, die Zwischentöne richtig zu deuten. Eine gelungene Verständigung erfüllt uns mit Zufriedenheit und Glück. Innerhalb der Familie trägt es zur Harmonie bei, wenn sich alle Familienmitglieder gut verstehen, wenn also das, was der eine sagt, beim anderen auch richtig ankommt.
In diesem Kapitel finden Sie deshalb Tipps zur erfolgreichen Gesprächsführung und Hinweise auf mögliche Stolperfallen. Die Tipps beziehen sich auf vielfältige Gesprächssituationen im familiären Alltag, also auch auf Gespräche unter Erwachsenen. Denn Eltern haben Vorbildfunktion: Ihre Verständigung mit dem Partner, den eigenen Eltern oder Nachbarn prägt auch die Kinder. Besondere Hinweise für das Gespräch mit Kindern sind hervorgehoben.

Hanni Hütter aus Kempen schreibt: »Das Allerwichtigste ist im Erlernen von Gefühlen das Gespräch.« Und: »Gefühle muss man zulassen und auch mitteilen können von Kindesbeinen an.«

Allein auf einer einsamen Insel – ein (Alb)Traum?

Wir brauchen gute und stabile Beziehungen, Freundschaften, Liebe, Anerkennung und Ermunterung durch andere Menschen, um uns wohl zu fühlen. Wie sehr jeder Mensch solche positiven Rückmeldungen von anderen braucht, ist besonders dann spürbar, wenn sie fehlen. Sind Menschen durch hohes Alter oder Krankheit von allen sozialen Kontakten abgeschnitten, fehlen ihnen Liebe, Zuwendung und Anerkennung, dann werden sie antriebslos und depressiv. Auf der oft zitierten einsamen Insel wären die wenigsten Menschen wirklich glücklich. Die Vorstellung, wie Robinson jahrelang isoliert zu leben, ist ein Albtraum.

Aber auch negative Rückmeldungen wie ständige Auseinandersetzungen mit anderen Menschen versetzen uns in Stress. Unter dem Begriff »Mobbing« ist in den letzten Jahren viel über Schikane, Diskriminierung, Ausgrenzung oder dauernde Belästigung am Arbeitsplatz diskutiert worden. Die von Mobbing betroffenen Menschen klagen häufig über gesundheitliche Folgen. Was für die Berufswelt oder in der Schule zutrifft, gilt natürlich auch für die Beziehung zwischen Paaren, unter Familienmitgliedern und sogar mit den Nachbarn. In einem vergifteten Klima und in ständiger Angst vor einem neuen Zusammenstoß fühlen wir uns nicht mehr »wohl in unserer Haut«.

Kommunikation als Schlüssel zum Miteinander

Wer es dagegen schafft, gut mit seinen Mitmenschen auszukommen und in einem harmonischen Umfeld zu leben, hat allein damit schon viel für sein gesamtes seelisches und körperliches Wohlbefinden getan. Der Schlüssel zum friedlichen Miteinander ist die Kommunikation, das heißt die Verständigung mit anderen. Im Umgang mit Kindern tragen gute Gespräche dazu bei, eine Beziehung zu unseren Kindern aufzubauen – das Fundament der Erziehung.

Je besser wir uns den Mitmenschen verständlich machen können, desto mehr erreichen wir. Das gilt für ein harmonisches Familienleben ebenso wie für die berufliche Karriere.

Wenn zwei Menschen miteinander kommunizieren, bemühen sie sich darum, dem jeweils anderen etwas verständlich zu machen. Im Wort »Verständigung« klingt der Begriff »Verstand« an. Um einander zu verstehen, brauchen wir also Verstand.

Die vier Stolperfallen

Der amerikanische Psychologe John Gottman hat an der Universität von Seattle ein »Love Lab« eingerichtet. Das Love Lab ist ein Labor, in dem Gottman die emotionale Befindlichkeit von Ehepaaren untersucht. Es gelingt ihm mit einer Zuverlässigkeit von 90% vorherzusagen, ob die Beziehung des Paares stabil bleiben oder ob es sich im Laufe der nächsten Jahre trennen wird, wenn sich dessen Miteinander nicht ändert. Er braucht nur fünf Minuten lang einem Streitgespräch der Partner zuzuhören, um seine »Diagnose« zu stellen. Gottman hat vier Punkte herausgearbeitet, die jede Kommunikation, jede Verständigung zwischen den Partnern zum Erlöschen bringen.

Verständigung unmöglich

Die vier Stolperfallen, die eine Verständigung unmöglich machen, sind:

- **Kritik**
- **Verachtung**
- **Gegenangriff und**
- **totaler Rückzug.**

Vielleicht sind Sie der Meinung, dass Kritik wichtig ist. Schließlich gibt es Begriffe wie »kritikfähig« und »konstruktive Kritik«. Dabei kommt es jedoch auf das Wie an. Das Zusammenleben oder Arbeiten mit anderen Menschen bringt es fast jeden Tag mit sich, dass wir auch unangenehme Dinge aussprechen müssen. Aber wir kommen nicht zum Erfolg, wenn wir unsere Mitmenschen direkt angreifen und sie als Person kritisieren. Im folgenden Beispiel wird das deutlich:

Du bist halt ein Taugenichts!

Im Umgang mit Kindern kann Kritik noch schlimmere Folgen haben als unter Partnern oder Arbeitskollegen. Kinder erleben ihre Eltern als übermächtig. Auch wenn Kinder sich trotzig und anmaßend verhalten, glauben sie, dass ihre Eltern Recht haben. Wenn ein Kind von den »allwissenden« Eltern immer wieder zu hören bekommt, dass es ein Taugenichts (ein Zappelphilipp, eine Trödelliese oder eine Nervensäge) ist, dann verinnerlicht es diese Einschätzung. Steve Biddulph, der bekannte australische Bestsellerautor und Erziehungsberater, meint, dass wir unsere Kinder mit solchen Äußerungen prägen. Sie verhielten sich schließlich genau so, wie wir es ihnen immer gesagt haben – und werden ein »Taugenichts« (ein Zappelphilipp, eine Trödelliese oder eine Nervensäge).

Stellen wir uns vor, eine Frau neigt dazu, sich immer wieder zu verspäten. Ihr Partner ist verärgert. Als sie endlich auftaucht, kann er seine Kritik nicht mehr zurückhalten. Er wirft ihr vor, stets zu trödeln, und beendet seinen Ausbruch mit den Worten, dass er sie und ihre Bummelei langsam satt habe. Auf diese Weise erreicht er, dass sie entweder zum Gegenangriff startet und ihn nun ihrerseits mit Worten verletzen will – oder dass sie still wird und sich innerlich von ihm zurückzieht.

Viel weiter kommt der Partner, wenn er seine berechtigte Beschwerde vorträgt, ohne die Frau persönlich anzugreifen und zu kritisieren. Dazu kann er ihr in Form von Ich-Botschaften mitteilen, wie er sich selbst fühlt, wenn er auf sie warten muss, dass er Angst hat, ihr liege nichts an der Verabredung, dass er sich vielleicht sogar Sorgen um sie macht. Eine solche Beschwerde wird die Partnerin verstehen, sie wird die Blöße, die der Partner sich gibt, nicht ausnutzen – sondern im Gegenteil selbst zugeben können, warum sie mit dem Pünktlichsein ein Problem hat.

Verachtung vergiftet die Beziehung

Die zweite Stolperfalle ist die Verachtung, die sich nicht nur in Worten, sondern häufig auch in Mimik und Gestik äußert. Sobald der eine Partner etwas vorbringt, verdreht der andere die Augen, runzelt die Stirn, winkt ab oder äußert sich abschätzig: »Ach hör doch auf mit deiner ewigen Spinnerei!« Die Verachtung, die sich in einer solchen Reaktion ausdrückt, ist äußerst verletzend und provoziert den Partner wiederum zu einer der beiden anderen Reaktionen, die eine Verständigung unmöglich machen: dem Gegenangriff oder dem totalen Rückzug. Der Partner, der sich verächtlich geäußert hat, wollte eigentlich erreichen, dass der andere ein bestimmtes Verhalten ändert. Doch wenn ein Mensch seinen – möglicherweise berechtigten – Standpunkt verächtlich vorträgt, kommt er genauso wenig an sein Ziel wie mit Kritik.

Gegenangriff oder Rückzug

Der Gegenangriff des Partners führt dazu, dass die Situation außer Kontrolle gerät. Der verächtlich behandelte oder kritisierte Partner merkt nur, dass er angegriffen wird, und setzt sich zur Wehr. Er denkt nicht über das eigentliche Anliegen des »Angreifers« nach, sondern über den Angriff selbst. Auch wenn der »Angegriffene« keinen Gegenangriff startet, sondern sich zurückzieht, ist keine Brücke geschlagen, keine Verständigung erreicht worden. Rückzug bedeutet, dass sich der Angegriffene verschließt, weil er keine Chance zur Verständigung mit dem Angreifer sieht. Im schlimmsten Fall empfindet der Angreifer das Schweigen des Partners als erneute Provokation. Auch dann verschärft sich der Konflikt. Im Ergebnis haben sich beide ein Stück voneinander entfernt.

Sich verständlich machen

Die vier Stolperfallen verhindern also eine gut funktionierende Verständigung. Wie können wir besser vorgehen, wenn wir ein schwieriges Gespräch führen müssen? Im ersten Schritt machen wir uns klar, was wir überhaupt erreichen wollen:

- Der Gesprächspartner soll unseren Standpunkt verstehen.
- Er soll erfahren, dass wir mit einer seiner Verhaltensweisen nicht einverstanden sind.
- Wir möchten den Gesprächspartner zu einer Änderung seines Verhaltens oder wenigstens einer Stellungnahme bewegen.
- Dabei wollen wir verbindlich – also »in Verbindung« – bleiben.

Ich-Botschaften senden

Eine einfache Methode, Beschwerden vorzubringen, ohne den anderen zu verärgern, besteht darin, Ich-Botschaften zu senden. Konfrontiert man sein Gegenüber nämlich mit einer Du-Botschaft – »Du Stubenhocker, verplemperst deine ganze Zeit am Computer!« –, dann zwingt man ihn zur Verteidigung. Als Ich-Botschaft verpackt, klingt der Satz dagegen so: »Ich würde heute gerne Zeit mit dir verbringen. Ich fühle mich vernachlässigt, wenn du so lange am Computer sitzt.« Der Angesprochene kann sich von den Gefühlen des Spre-

Tipp:

Oft fällt es schwer, die eigenen Gefühle auszudrücken oder zu formulieren. Das kann auch bei Kindern der Fall sein. Gespräche mit ihrer Tochter bahnt Jane Wilhelm aus Oldenburg daher spielerisch an. Ihr Tipp: »Wir haben Bälle gemeinsam bemalt, auf denen unterschiedliche Gefühlsgesichter zu sehen sind. Meine Tochter bewirft mich damit, wenn ich sie frage, wie sie sich fühlt. Sie macht das aus Spaß. Wir haben ein Spiel entwickelt: Wenn sie traurig ist oder sauer, darf sie mich mit den beiden Bällen bewerfen. Dafür darf ich sie mit dem Erzählball bewerfen. Wenn ich sie treffe, erzählt sie mir, was mit ihr los ist, und wir reden darüber und versuchen, eine Lösung zu finden.«

chers nicht angegriffen fühlen. Er muss sich also nicht verteidigen und erfährt dennoch, dass der Sprecher mit seiner Verhaltensweise nicht einverstanden ist.

Das ist doch peinlich ...

Durch die Einleitung »Ich würde heute gerne Zeit mit dir verbringen« wird sich die angesprochene Person sogar geschmeichelt fühlen und sich für das Anliegen des Sprechers öffnen. Unzählige Konflikte unter Ehepartnern oder zwischen Eltern und Kindern könnten mit dieser Methode vermieden werden. Viele Menschen schrecken jedoch davor zurück, etwas von sich und ihrer Gefühlswelt preisgeben zu müssen. Sie haben Angst, dadurch selbst verletzlich zu werden. Dabei geht es nicht um Schwächen, sondern um Gefühle, die reine Tatsachen und daher auch nicht lächerlich sind: »Ich bin traurig, ich fühle mich nicht genug beachtet, ich brauche deine Nähe«. Die Mitteilung eines solchen Gefühlszustandes macht den Sprecher sogar weniger angreifbar als ein Wutausbruch, den der andere nicht nachvollziehen kann.

Eine weitere Hürde bei der Ich-Sprache besteht darin, dass ich mir meiner Gefühle bewusst sein muss, bevor ich sie ausdrücken kann (siehe Kapitel »Schulung der Gefühle«). Da erscheint es viel einfacher, die eigenen Gefühle zu verbergen und der Verärgerung indirekt in einem Ausbruch Luft zu machen: «Du bist so ein Egoist, hättest doch gleich deinen Computer heiraten sollen!«

Du-Botschaft an unsere Kinder

Im Familienalltag ist es ganz besonders wichtig, Du-Botschaften zu vermeiden. Das klingt einfacher als es ist. »Du bist ein Faulpelz! Du nervst mich! Du trödelst ja schon wieder!« sind Sätze, die in fast jeder Familie unzählige Male fallen. Es gelingt besser, sie zu vermeiden, wenn wir uns klar machen, wie stark sie auf Kinder wirken. Denn ihr Selbstbewusstsein ist gerade erst dabei, sich zu entwickeln. Unbewusst nimmt das Kind pauschale Urteile in Form von Du-Botschaften auf und verhält sich entsprechend. Natürlich können Eltern bei der intensiven Auseinandersetzung mit Kindern nicht in jedem Fall eine passende Ich-Botschaft formulieren. Aber sie können sich auf das Verhalten des Kindes beschränken und nicht die Persönlichkeit des Kindes angreifen (also nicht: »Du bist so eine Nervensäge!«, sondern lieber: » Deine Klopferei nervt mich!«; nicht: »Du bist ein Schussel!«, sondern: »Jetzt ist der Sportbeutel in der Schule liegengeblieben. Das ist echt ärgerlich!«).

Ein schwieriges Gespräch erfolgreich führen

Gespräche zwischen Menschen ergeben sich meist spontan und entwickeln eine ganz eigene, nicht berechenbare Dynamik. Darum mag es auf den ersten Blick als wenig sinnvoll erscheinen, sich Gesprächsmodelle zurechtzulegen. Wenn wir jedoch immer wieder in den Strudel der vier Stolperfallen geraten, die Gespräche mit dem Partner, der Partnerin, den Kindern, einem Arbeitskollegen oder der Schwiegermutter in Verärgerung und bitterem Streit enden, lohnen sich ein paar Gedanken über Gesprächstechniken.

Die drei folgenden Punkte können bei jedem geplanten Gespräch hilfreich sein, egal, ob Sie mit dem Partner über einen wunden Punkt in der Beziehung sprechen oder Ihrer Tochter endlich einmal mitteilen möchten, was Sie an ihrem Verhalten schon lange stört. Ein Beispiel macht die Technik anschaulicher. Stellen Sie sich einen Gesprächspartner vor, der für seine langatmigen Ausführungen berüchtigt ist. Trotzdem möchten Sie ihn (oder sie) nicht verärgern. Wie können Sie der Person sagen, dass Sie der Vortrag nicht interessiert, ohne beleidigend zu werden?

1. Freundliche Ansprache

Auch wenn es manchmal schwer fällt – eine freundliche, verbindliche Ansprache wirkt wie ein Zauberspruch. Sie öffnet den Weg für alle weiteren Schritte. Das Wort »verbindlich« drückt aus, was das Ziel ist: Der Gesprächspartner wird auf eine Art und Weise angesprochen, die eine »Verbindung« herstellt, eine Brücke zu ihm schlägt. Es reicht schon aus, ihm (oder ihr) freundlich in die Augen zu sehen und seinen (ihren) Namen auszusprechen. Optimal ist es, ein ehrlich gemeintes Lob mit der Ansprache zu verknüpfen. Je aufrichtiger das Lob gemeint ist, desto leichter fällt das Anliegen, das dann folgt.

2. Sachliche Feststellung

Nach der freundlichen Ansprache sollte die sachliche Schilderung der Tatsachen stehen. Nüchtern und ohne Kritik oder Sarkasmus können Sie die Fakten benennen, zum Beispiel gegenüber Ihrem Sohn: »Jakob, du weißt, dass ich dir gern beim Puzzeln zuschaue. Im Moment bin ich jedoch dabei, den Rasenmäher zu reparieren. Dabei brauche ich meine ganze Konzentration. Gern komme ich gleich zu dir, denn beim Puzzeln bist du absolut Klasse und schnell. Ich staune immer wieder, wie du die Teile ohne viel Suchen findest.« Der Vater macht auf seine eigenen Bedürfnisse aufmerksam, ohne beleidigend oder persönlich zu werden. Und Jakob braucht den Vater nicht länger darum zu bitten, ihm beim Puzzeln zuzuschauen. »Okay, dann fange ich schon mal an. Bis gleich!«

Kein Aber

Nach einem einleitenden Lob wirkt das Wort »Aber« wie eine Alarmglocke. Der Angesprochene weiß sofort, jetzt kommt etwas Negatives, Unangenehmes. Er nimmt also eine Abwehrhaltung ein. Egal, was Sie jetzt auch sagen, es wird nicht mehr wohlwollend aufgenommen. Prüfen Sie die Wirkung des folgenden Satzes auf sich selbst: »Ich mag dich echt gerne. Du bist ein guter Freund – aber im Moment ...« Das Wörtchen »Aber« kann hier sogar bedeuten, dass die Freundschaft in Frage gestellt wird.

3. Zurück zur Gefühlsebene

Bei jedem Gespräch empfiehlt sich, zum Abschluss auf die Ebene der Gefühle zurückzukommen. Das gilt auch, wenn es um Fachthemen im Arbeitsbereich geht oder um eine Auseinandersetzung mit der trotzenden Tochter. Eine berechtigte Beschwerde schließen Sie am besten damit ab, welche Gefühle das (Fehl-)Verhalten des Gesprächspartners bei Ihnen ausgelöst hat: »Ich bin enttäuscht, verletzt, fühle mich nicht ernst genommen.«

Wenn schließlich eine Verständigung stattgefunden hat, sollte ebenfalls eine Rückkehr zur Gefühlsebene folgen. »Jakob, ich freue mich, dass du mich verstehst.« Der Vorteil eines solchen Ausklangs liegt auf der Hand. Jakob muss sich nicht abgelehnt fühlen, obwohl sein Wunsch, gemeinsam zu puzzeln, nicht erfüllt wurde. Der Junge geht in sein Zimmer mit einem positiven Gefühl, und daran erinnert er sich bei einer nächsten, ähnlichen Situation. Sogar Gespräche über Sachthemen können durch einen verbindlichen Satz auf der Ebene der Gefühle »verankert« werden. »Jakob, toll, dass wir so offen miteinander gesprochen haben. Deine Ideen haben mir sehr geholfen und ich freue ich, dass du auch mich verstehst.«

Vorsicht

Die Gefühle Wut und Ärger beziehen sich nicht nur auf den Sprecher selbst. Sie können leicht als Angriff verstanden werden: »Ich bin jetzt total sauer auf dich!« oder »Ich habe mich unheimlich über dich geärgert!« Besser ist, sich zu überlegen, worüber man verärgert ist, und das dann konkret zu benennen: »Es hat mich sehr gekränkt, dass du vor allen über meine Arbeitsweise gewitzelt hast« oder: »Ich bin enttäuscht, dass du mich nicht gefragt hast, ob ich mit ins Kino möchte. Ich habe das Gefühl, du wolltest mich nicht dabei haben und das tut mir weh.«

Sprechen über Gefühle oder: Der kleine Unterschied

Zahllose Ratgeber, die sich mit dem »kleinen Unterschied« zwischen Mann und Frau befassen, haben in den 90er Jahren die Regale der Buchhandlungen überschwemmt. Für das Thema Kommunikation ist ein Aspekt dieses Modethemas interessant: Bei Männern sind die beiden Gehirnhälften offenbar weniger stark vernetzt als bei Frauen. Das Sprachzentrum liegt aber in der einen Gehirnhälfte, das Gefühlszentrum in der anderen. Wenn nun bei Männern beide Hälften weniger gut miteinander verknüpft sind, könnte das die wissenschaftliche Erklärung dafür sein, warum ihnen das Sprechen über Gefühle tatsächlich schwerer fällt als Frauen. Außerdem gibt es Studien, die darauf hindeuten, dass bei Frauen diejenigen Teile des Gehirns, die mit der Sprachkompetenz zu tun haben, größer sind als bei Männern. Bei Männern hat dagegen die rechte Gehirnhälfte, die unter anderem für mathematische Leistungen zuständig ist, mehr Verknüpfungen.

Die fehlenden Verknüpfungen sind natürlich keine Entschuldigung dafür, sich nicht um den Aufbau einer emotionalen Beziehung zu bemühen. Auch Männer können lernen, ihre Gefühle bewusst wahrzunehmen und sie in Worte zu fassen. Da oft das tägliche Miteinander von unserer Fähigkeit zur Kommunikation abhängt, gibt es ausreichend Gründe, daran zu arbeiten. Für die Erziehung von Jungen ist es ganz besonders wichtig, bei ihnen von klein auf die Sprachkompetenz zu fördern. Singen Sie mit Ihren Kindern, lesen Sie ihnen vor, lernen Sie mit ihnen Kinderreime und Gedichte auswendig. Auf diese Weise können Sie die Sprachkompetenz auch von Jungen fördern.

Zuhören

Die Verständigung zwischen zwei Menschen hängt also einmal davon ab, wie sich die beiden ausdrücken. Zum anderen muss das Gesagte aber auch beim jeweils anderen ankommen. Dafür ist es wichtig, genau zuzuhören, was der Gesprächspartner sagt. In der Hektik des Alltags haben wir oft den Eindruck, wir wüssten längst, was der andere sagen will. Also platzen wir dazwischen, beenden seine Ausführungen mit unseren eigenen Worten oder schalten innerlich ab, ohne wirklich zu verstehen, was der andere uns sagen will. Auf diese Weise unterbrechen wir die Verständigung. Die Brücke, die der andere zu uns schlagen wollte, indem er uns angesprochen hat, erreicht unser Ufer nicht.

Aktiv zuhören

Zuhören ist an sich ein passiver Vorgang. Ein Mensch redet, er sendet Botschaften. Einer oder mehrere andere sind Empfänger. Menschen, die als besonders gute Zuhörer geschätzt sind, beherrschen jedoch bestimmte Regeln des aktiven Zuhörens und zwar meist, ohne es zu wissen. Sie wenden sich dem Sprecher interessiert zu, halten Augenkontakt, stellen ab und zu Verständnisfragen oder Fragen, die den Sprecher weiterbringen. Sie fassen das bisher Gesagte zusammen, um sich vom Sprecher bestätigen zu lassen, ob sie ihn richtig verstanden haben. Sie nicken oder bestätigen dem Sprecher beispielsweise durch Augenkontakt, dass sie ihm noch folgen. Auf diese Weise sind sie auch als Zuhörer aktiv.

Keine Zeit

»Ich habe keine Zeit« bedeutet: »Ich habe etwas Wichtigeres oder Besseres zu tun.« Wenn Ihr Kind oder Ihre Mutter das nächste Mal etwas mit Ihnen besprechen möchte, dann denken Sie an diese Bedeutung des Satzes «Ich habe keine Zeit«. Haben Sie wirklich gerade etwas Wichtigeres, Besseres zu tun?

Fingerspitzengefühl gefragt

Natürlich gibt es Mitmenschen, die unsere Geduld über Gebühr strapazieren. Sie halten einen Vortrag, um sich selbst reden zu hören. Sie brauchen nicht uns, sondern irgendeinen passiven Empfänger für ihren Monolog. Als aktiver Zuhörer finden Sie bald heraus, ob es dem Sprecher wirklich darum geht, dass Sie ihn verstehen, oder ob er Sie dazu benutzt, sich selbst reden zu hören. Dann sollten Sie dem Sprecher in Form von Ich-Botschaften klar machen, dass Sie tatsächlich etwas Besseres zu tun haben, als sich einen Vortrag anzuhören.

Tipp:
»Erzählstein«

Das Gespräch in der Familie ist Anja und Christofer König aus Neuenkirchen besonders wichtig: »Gerade in der heutigen Zeit, in der Kinder nur von Technik und Umweltgeräuschen umgeben sind, ist es wichtig, erzählen zu dürfen, verstanden zu werden und zuzuhören … Die Familien sollten öfter mal eine Gesprächsrunde machen, in der jeder, der gerade den Gesprächsstein hat, über den Tag, seine Probleme, seine Gefühle oder natürlich auch über die schönen Erlebnisse berichten darf.«

Der Erzählstein

Aktives Zuhören können Sie trainieren. In der Familie oder zwischen Paaren ist der Einsatz eines »Erzählsteins« hilfreich. Sie wählen sich ein symbolhaftes Zeichen, zum Beispiel einen Stein. Verabreden Sie feste Zeiten für eine Gesprächsrunde. Wer den Erzählstein in der Hand hat, darf sprechen, ohne unterbrochen zu werden. Legen Sie vorher eine bestimmte Zeit fest, die der Sprecher nicht überschreiten sollte (zum Beispiel 3 Minuten). Danach fassen die Zuhörer zusammen, was der Sprecher gesagt hat. Er bekommt damit eine Rückmeldung, ob er sich wirklich »verständlich« gemacht hat.

Anschließend sollten Sie noch einen Schritt weiter gehen. Denn zum echten Verständnis gehört neben der Ebene der Worte auch die Ebene der dahinter liegenden Gefühle, die der Sprecher nicht direkt ausspricht. Alle Zuhörer versuchen der Reihe nach in einem zweiten Schritt, die Gefühle des Sprechers zu benennen. Sie werden staunen, wie sehr Sie manchmal mit Ihrer eigenen Einschätzung dessen, was der Sprecher fühlt, daneben liegen können. Empathie – also das Mitempfinden, das Einfühlen in den anderen – funktioniert auf der Grundlage, dass alle Menschen in etwa gleich empfinden. Beim Sprechen über die Gefühle in einer bestimmten Situation erfahren Sie jedoch, dass der Sprecher mitunter einen anderen Aspekt des Geschehens viel stärker empfindet als Sie.

Aktives Zuhören – 1. Schritt:

Zusammenfassen des Erzählten: »Du hast vom Gespräch mit deinem Freund Tobias erzählt. Tobias hat dich nicht zu Wort kommen lassen und sich über deine erste Äußerung lustig gemacht.«

Aktives Zuhören – 2. Schritt:

Ergründen der Gefühle: »Jetzt machst du dir Sorgen, ob ihm überhaupt noch was an eurem Treffen nächste Woche liegt. Außerdem bist du wütend, weil dich Tobias unfair behandelt hat und du dich nicht wehren konntest. Du hast dich hilflos gefühlt. Ist es so?«

Gefühle im Spiel

Das Ergründen der Gefühle ist wichtig, um das Problem des Sprechers zu verstehen. Erst wenn Sie wirklich zu den Gefühlen vorgedrungen sind, die das Erlebte beim Sprecher ausgelöst hat, können Sie sich mit ihm gemeinsam auf die Suche nach einer Lösung machen. Manchmal tragen geschickte Fragen dazu bei, dass dem Sprecher seine eigenen Gefühle überhaupt bewusst werden. Das gilt für Kinder genauso wie für Erwachsene. Auch Erwachsene sind sich oft nicht im Klaren darüber, warum sie auf ein bestimmtes Ereignis heftig reagieren. Das Gespräch mit einem aktiven Zuhörer hilft ihnen, die eigenen Gefühle zu verstehen und dann entsprechend intelligent mit ihnen umzugehen.

Emotionale Kommunikation

In manchen Situationen sind wir besonders als gute, aktive Zuhörer gefragt. Unser Kind, ein guter Freund oder Partner ist sichtlich mit einem Problem beschäftigt. Wir spüren genau, dass mit diesem Menschen etwas nicht stimmt. Wenn wir einen günstigen Moment in friedlicher Atmosphäre abwarten, können wir versuchen, zum Kern des Problems vorzustoßen. Einleitend teilen wir dem Gesprächspartner mit, dass wir uns Sorgen machen, weil er so bedrückt wirkt. Wir fragen ihn, was eigentlich passiert ist. Manchmal werden wir enttäuscht, wird unser Gesprächsangebot nicht angenommen. Daran können wir nichts ändern. Wir können nicht mehr tun, als unser Angebot zu wiederholen: »Gut, wenn du jetzt nicht sprechen möchtest, ist das kein Problem. Ich habe immer ein offenes Ohr für dich, du kannst auch später jederzeit zu mir kommen.«

Gesprächskultur

In unserer Gesellschaft scheint das Leben immer schneller und hektischer zu verlaufen. Wir hetzen von Termin zu Termin und verplanen selbst die Freizeit. Dabei leidet auch unsere Gesprächskultur.
Die Zeit, die wir mit einem Gespräch ausfüllen, scheint uns nicht sinnvoll genutzt zu sein. Damit bringen wir uns um seine wohltuende Wirkung.
Ein gutes Gespräch, bei dem wir das Gefühl haben, verstanden worden zu sein – oder verstanden zu haben –, kann viel zu unserem inneren Gleichgewicht beitragen. Natürlich müssen alle Gesprächspartner dabei bestimmte Regeln einhalten: den anderen aussprechen lassen, die eigene Redezeit nicht ins Uferlose ausdehnen. Eine solche Gesprächskultur will geübt sein, man muss sie im wahrsten Sinne »pflegen«. Das gelingt am besten innerhalb der Familie.

Was hast du dabei gefühlt?

Geht der Gesprächspartner auf unsere Frage »Was ist eigentlich passiert?« ein, dann lassen wir ihn erzählen. Wir versuchen, nicht nur die Ebene des Geschehens zu verstehen, sondern auch seine Gefühle zu ergründen. Manchmal ist es hilfreich, direkt nachzufragen: »Und was hast du dabei gefühlt?« Stellen Sie sich vor, Ihr Sohn erzählt Ihnen, dass er seit einigen Wochen in jeder Pause Ärger mit einem Jungen hat, der vorher sein bester Freund war. Wenn Sie nach der Erzählung Ihres Sohnes einhaken mit der Frage: »Und was fühlst du dabei?«, nähern Sie sich dem eigentlichen Problem. Vielleicht antwortet Ihr Sohn mit Tränen in den Augen: »Ich bin total wütend. Ich will ihn am liebsten mal so richtig verprügeln, damit er mich in Ruhe lässt!«

Zum Kern vordringen

Ihrem Sohn hilft es nicht, wenn Sie ihm daraus gleich einen Vorwurf machen wie: »Also eine Prügelei ist doch keine Lösung! Das darf man nicht tun.« Auch eine Liste von möglichen Verhaltenstipps ist sicher nicht das, was Ihr Sohn jetzt braucht. In seiner Antwort drücken sich Verzweiflung und Hilflosigkeit aus. Die Tränen zeigen, dass ihn der Streit mit dem Freund tief berührt. Der französische Neurowissenschaftler und Buchautor David Servan-Schreiber rät, in einer solchen Situation bis zum tiefsten Kern vorzustoßen. Dazu dient die Frage: «Und was war für dich am schlimmsten?« In unserem Beispiel könnte der Sohn nun antworten: »Dass der Maxi auf einmal so blöd zu mir ist! Der war doch immer mein Freund, ich weiß gar nicht, was er gegen mich hat!« Natürlich müssen Sie nach einer solchen Frage auch mit heftigen Gefühlsausbrüchen rechnen und sie zulassen.

Die Suche nach einer Lösung

Dann ist es an der Zeit, bei der Suche nach einer Lösung zu helfen. »Was hilft dir, mit dem Problem klar zu kommen? Wie kannst du es aushalten?» Die Antwort lautet vielleicht: »Ja, da ist etwas, der Lukas hält zu mir. Er findet auch, dass Maxi zurzeit komisch ist.« Es ist wichtig, dass Ihr Sohn selbst eine Lösung findet. Geben Sie ihm das Gefühl, dass er mit der Situation zurechtkommt. Sicher können Sie ihm Vorschläge machen oder ein Beispiel aus Ihrer eigenen Kindheit erzählen. Es kann auch hilfreich sein, ihn zu fragen, was er eigentlich erreichen will. Soll Maxi wieder sein Freund sein oder will er einfach nur in der Pause seine Ruhe haben? Jetzt ist auch die Gelegenheit, Ihren Sohn zu fragen, was seiner Meinung nach passieren wird, wenn er Maxi wirklich einmal »richtig verprügelt«. Bestimmt brauchen Sie keinen Vortrag darüber zu halten, dass Gewalt niemals eine gute Lösung ist – Ihr Sohn wird alleine feststellen, dass er damit nicht zum Ziel kommt.

Zum Abschluss eines emotional geladenen Gesprächs ist es wichtig, dem Gesprächspartner zu signalisieren, dass man ihn versteht und seine Gefühle nachempfinden kann. »Dein Problem mit Maxi ist wirklich schlimm. Du hast ihn eigentlich noch gerne und verstehst nicht, warum er dich in jeder Pause ärgert. Ich kann mir gut vorstellen, wie es dir geht.«

Sabine Donath aus Bertsdorf-Hörnitz hält die gemeinsame Suche nach Lösungen mit den Kindern für genauso wichtig wie das Erlernen des Essens mit Messer und Gabel: »Beides muss gelernt werden.«

Zusammenfassung der 5 Punkte emotionaler Kommunikation :

- **Was ist eigentlich passiert?**
- **Was hast du dabei gefühlt?**
- **Was war das Schlimmste daran?**
- **Was hilft dir, die Situation auszuhalten?**
- **Empathie: Ich verstehe, was du fühlst.**

Zwischen Tür und Angel?

Ein Gespräch, bei dem es um Gefühle geht, kann nicht zwischen Tür und Angel stattfinden. Der Sohn in unserem Beispiel wird nicht bereit sein, über den Ärger mit seinem Freund zu erzählen, wenn Sie ihn auf dem Weg zum Fußball-Training ansprechen. Für wichtige Gespräche gilt es günstige Rahmenbedingungen zu schaffen.
Wenn Sie merken, dass Ihr Kind mit einem Problem beschäftigt ist, dann sollten Sie einen Moment der Vertrautheit und Nähe abwarten, bevor Sie das Kind fragen, was eigentlich mit ihm los ist.

Besser als jede Erklärung kann die folgende Geschichte von Marie zeigen, was ein Gespräch bewirkt, das in einer fröhlichen, liebevollen Umgebung stattfindet.

Von Trauerklößen und komischen Nudeln

Kurzgeschichte von Karin Schäufler, Diplom-Sozialpädagogin, freie Texterin und Autorin aus Frankfurt am Main

Marie lag erschöpft in ihrem Bett und lauschte. Draußen sang die Amsel im Kirschbaum ihr allabendliches Lied und hin und wieder fuhr ein Auto langsam die kleine Straße hinunter. Papa saß unten im Wohnzimmer und telefonierte mit seiner Schwester. Das erkannte Marie daran, dass Papa andauernd lachte, denn nur Tante Engela erzählte immer so viele komische Sachen. Obwohl Marie ihre Tante gerade wegen ihrer Witzigkeit sehr mochte, ärgerte sie sich jetzt darüber, dass Papa seine Zeit mit ihr am Telefon verplemperte und dabei noch so ausgesprochen gute Laune hatte. Dieses Lachen ging ihr heute Abend wirklich auf die Nerven.

Im Badezimmer rauschte unterdessen die Toilettenspülung und gleich würde Mama den Wasserhahn aufdrehen, sich bestimmt eine Ewigkeit lang die Zähne putzen und hinterher noch ausgiebig gurgeln. Eigentlich war ja alles wie immer, nur – Marie rutschte tiefer unter die Decke.

Den ganzen Nachmittag über hatte sie schon schlechte Laune gehabt und nichts hatte ihr Spaß gemacht. Sogar ihre Spielsachen fand sie heute allesamt unbrauchbar und doof. Also hatte Marie betrübt in ihrem Zimmer gesessen und nichts, aber auch rein gar nichts mit sich und der Welt anfangen können. Papa musste lange arbeiten und Mama war die ganze Zeit beschäftigt gewesen und ist immerzu im Haus herumgeflitzt, um zu putzen, zu waschen, zu bügeln, zu kochen und wer-weiß-was-noch-alles für völlig überflüssige Dinge zu erledigen. Marie war also gar nichts anderes übrig geblieben, als gelangweilt in ihrem Zimmer zu hocken und sich einfach elend und einsam zu fühlen.

Es verstand sie ja sowieso keiner - sie verstand sich ja selbst nicht. Weil ihr übel gewesen war, hatte Mama ihr zwischendurch einen Kamillentee gekocht, aber der hatte auch nichts geholfen und danach war es Marie erst recht schlecht gewesen. Außerdem war ihr abwechselnd heiß und kalt und ihr Herz schlug so laut und schnell, dass Marie fast verrückt davon wurde. Schlimm war auch, dass sie das Gefühl hatte, als säße in ihrem Hals ein dicker Kloß fest. Das Atmen fiel ihr schwer und auch das Schlucken klappte nicht rich-

tig. Bestimmt würde sie ganz krank werden. Todelendsterbenskrank. So krank, dass sie auf gar keinen Fall und niemals wieder in den blöden Kindergarten würde gehen können. Überhaupt gar nie und niemals wieder.

Sie würde den ganzen langen Rest ihres Lebens einsam, jämmerlich und kläglich wie ein Trauerkloß im Kinderzimmer sitzen und Mama und Papa würden sich jede Minute um sie kümmern und sorgen müssen. Ja, genau so würde es kommen.

Maries Finger zupften an den zerzausten Ohren ihres alten Stoffhasen herum und obwohl ihre Augen vor Müdigkeit tränten und brannten, konnte sie noch immer nicht einschlafen. Gerade als es Marie mit einem Mal wieder fürchterlich heiß wurde, öffnete sich leise die Zimmertür leise und Mama flüsterte ins Dunkel hinein: »Marie?«

Als hätte Marie nur darauf gewartet, schlug sie sofort die Bettdecke zurück und setzte sich aufrecht. Sie drückte den alten Stoffhasen ganz fest an ihre Brust, genau dorthin, wo ihr Herz so laut und bedrohlich klopfte. Mama kam ins Zimmer herein und setzte sich auf die Bettkante. Sie roch wie jeden Abend so vertraut und beruhigend nach frischer Pfefferminze und Hautcreme. Marie atmete den Geruch tief ein. Das tat gut!

»Schläfst du denn noch gar nicht?«, fragte ihre Mutter und strich Marie liebevoll eine Haarsträhne aus dem Gesicht.

Marie presste die Lippen fest aufeinander und schüttelte den Kopf. Gerade als sie erklären wollte, dass sie wohl niemals wieder das Kinderzimmer verlassen konnte und die Eltern sich ab sofort nur noch um ihren armen, kranken Trauerkloß kümmern mussten, kullerten ihr plötzlich dicke Tränen aus den Augen. Der alte Stoffhase kuschelte sich an Marie und Marie kuschelte sich an Mama, deren Nachthemd von all den bitteren Tränen ganz nass wurde. Währenddessen hörte man Maries Vater im Wohnzimmer wieder ganz laut lachen. Dann sagte er endlich: »Tschüss, Engela!«, legte den Telefonhörer auf und kam fröhlich pfeifend die Treppe hoch.

»Ach, ihr seid noch wach», stellte er gut gelaunt fest und betrat das Kinderzimmer. »Tante Engela hat angerufen und so viel dummes Zeug erzählt, dass ich vor lauter Lachen heulen musste. Sie ist wirklich eine komische Nudel.»

Papa schniefte, wischte sich die feuchten Augen und ließ sich auf die Bettkante plumpsen. Auch Marie schniefte laut, rieb sich die Augen und murmelte: »Lieber eine komische Nudel als ein Trauerkloß.«

Erst jetzt bemerkte ihr Vater, dass etwas nicht stimmte. »Nanu! Was ist denn los?«, fragte er erschrocken. Maries Mutter zuckte mit den Schultern und Marie schniefte erneut. Dann sagte sie trotzig: »Ich geh' nie, nie wieder in den doofen Kindergarten. Nie, nie wieder!« Zur Bekräftigung schlug Marie mit der Faust fest auf die Bettdecke.

»Warum denn nicht?«, erkundigte sich Mama stirnrunzelnd, und Papa fragte ernst: »Was war denn?«

Weil beide ihre Frage gleichzeitig gestellt hatten, kam dabei etwas ganz Komisches heraus, das sich nach »Wawas dennwer nidenn?« anhörte. Marie schaute irritiert von einem zum anderen.

❧

»Wawas dennwer nidenn?«, wiederholte sie und trotz all ihren Elends und ihrer unendlichen Traurigkeit musste Marie nun kichern. Jetzt, wo Mama und Papa bei ihr saßen und sich um sie sorgten, war es Marie auch schon sehr viel leichter ums Herz. Es klopfte gar nicht mehr so laut und so schnell, nur der komische Kloß drückte noch immer in ihrem Hals. Marie würgte ein wenig, hustete und räusperte sich.

»Komm', raus damit!«, sagte Papa plötzlich und Marie wunderte sich, denn woher konnte Papa wissen, dass sie nicht nur ein Trauerkloß war, sondern auch einen im Hals hatte?

»Da kann aber eigentlich gar kein Kloß drin sein«, bemerkte Marie nachdenklich und griff sich an den Hals. »Wir hatten doch heute so komische Nudeln zum Abendessen.«

Nun verstanden Maries Eltern gar nichts mehr und gleichzeitig fragten sie irritiert: »Komische Nudeln?« Und: »Kloß?«

Heraus kam dabei das unglaubliche Wort: »Konukloßeln?«

Marie tippte sich mit dem Zeigefinger an die Stirn und prustete los. »Konukloßeln!«, wiederholte sie und lachte sich nun fast kaputt. »Konukloßeln und Warwas dennwer nidenn! So was Blödes hab' ich ja noch nie gehört.« Marie musste so lachen, dass ihr nun ein paar übrig gebliebene Tränen vor lauter Lachen aus den Augen kullerten. Als sie sich wieder beruhigt hatte, holte Marie tief Luft und bemerkte erstaunt, dass der merkwürdige »Anstelle-von-komischen-Nudeln-Kloß« in ihrem Hals schon viel, viel kleiner geworden war und fast gar nicht mehr drückte.

Da erzählte Marie endlich von dem großen Streit, den sie heute

Morgen im Kindergarten gehabt hatte. Sie berichtete von ihrem grässlichen Ärger mit den Freundinnen und von ihrem wohl unheilbaren Kummer.

Maries Eltern saßen schweigend da und hörten ihrer Tochter aufmerksam zu. Ab und zu zog Papa eine Augenbraue nach oben, aber das tat er immer, wenn er über etwas ernsthaft und gründlich nachdachte, und Mama hielt die ganze Zeit über Maries Hand behutsam fest und streichelte ihr immer wieder zart über die Finger. Marie spürte, wie gut es ihr tat, diese schlimme Geschichte und ihre Probleme endlich loszuwerden und wie schön es war, dass Mama und Papa sich Zeit für sie und ihre Sorgen nahmen, bei ihr auf der Bettkante saßen und einfach zuhörten.

Mit einem Mal fand Marie die ganze Angelegenheit nur noch halb so schlimm und während sie weitersprach, jagten ihr die verschiedensten Gedanken wie leuchtende Blitze durch den Kopf. Plötzlich wurde ihr klar, dass sie morgen auf alle Fälle und unbedingt in den Kindergarten gehen würde. Der Ärger und die Streitereien waren gar nicht das Wichtigste. Viel, viel wichtiger war, dass sie etwas unternahm, etwas dagegen tat und sich den Problemen stellen würde.

Und das würde Marie auf alle Fälle tun. Da war sie sich jetzt ganz sicher. Und sie wusste sogar schon, wie sie es anstellen würde. Plötzlich konnte es Marie gar nicht mehr erwarten und so endete ihr Bericht mit den Worten: »Und noch was, Mama: Weck mich morgen ganz pünktlich, ja? Ich will auf keinen Fall zu spät in den Kindergarten kommen. Und zum Mittagessen bringe ich meine Freundinnen mit. Mach uns am besten Spaghetti mit Tomatensoße. Auf keinen Fall diese merkwürdigen Konuklоßeln.«

Marie grinste und fühlte sich unendlich erleichtert. Strahlend gab sie ihrem verdutzten Papa und ihrer verblüfften Mama jeweils einen dicken Kuss links und rechts auf die Wangen, seufzte tief und zufrieden und kuschelte sich mitsamt ihrem Stoffhasen unter die Bettdecke. Bevor Maries Eltern auch nur ein Wort zu der ganzen Sache sagen konnten, war Marie tief und fest eingeschlafen.

Die Eltern schlichen kopfschüttelnd aus dem Kinderzimmer, legten sich in ihre Betten und lagen noch lange grübelnd wach. »Deine Tochter ist schon eine komische Nudel«, sagte Maries Vater schließlich zu Maries Mutter.

»Aber besser als ein Trauerkloß«, antwortete sie, lachte und machte endlich das Licht aus.

Und Marie? Die schlief gut und tief und fest. Und träumte:

Sie träumte von einem bunt beleuchteten Zirkuszelt und davon, dass sie in der Zirkusmanege im Takt zu lauten Trommelschlägen mit riesigen Klößen jongliert hat, die immer kleiner und kleiner geworden sind, während die Trommel immer leiser und leiser geworden ist. Das Publikum hat vor Begeisterung wie verrückt geklatscht und als die Jonglierklöße sich schließlich ganz in Luft aufgelöst hatten und die Trommel schwieg, hat es geblitzt und Marie ist jauchzend mit einem Salto vorwärts in ein großes Becken voller Nudeln gesprungen. Die Nudeln sind in alle Richtungen geflogen und die Zuschauer haben vor lauter Lachen geheult. Das war vielleicht ein Riesengeschniefe und am allermeisten haben ihre Eltern, Tante Engela und ihre Freundinnen geschnieft, die alle nebeneinander in der ersten Reihe saßen und über und über mit herausgespritzten Nudeln bedeckt und behangen waren. Es hat buntes Konfetti von der Zirkuskuppel geschneit und überall nach frischer Pfefferminze gerochen. Der alte Stoffhase war mit Frack und Zylinder bekleidet in die Manege getreten, hatte sich lächelnd verbeugt, die Augenbrauen abwechselnd hochgezogen und verschmitzt: »Wawas dennwer nidenn?« nach allen Seiten ins Publikum gerufen. Und dann?

Genau in diesem Moment und an dieser Stelle wachte Marie gutgelaunt auf und freute sich riesig auf ihren Auftritt im Kindergarten und auf das gemeinsame Spaghetti-Mittagessen mit ihren Freundinnen.

Es würde ein schöner und erfolgreicher Tag werden. Da war Marie sich ganz sicher.

Baron-Cohen, Simon
Vom ersten Tag an anders
Walter Verlag, Düsseldorf, Zürich 2004

Bauhofer, Ulrich, Dr. med.
Aufbruch zur Stille – Maharishi Ayur-Veda, eine leise Medizin für eine laute Zeit
Gustav Lübbe Verlag, Bergisch Gladbach 1997

Baum, Heike
Lässt du das Licht an?
Vom Umgang mit Angst und Unsicherheit
(+ weitere Titel zum Umgang mit Gefühlen)
Kösel Verlag, München 2003

Biddulph, Steve
Das Geheimnis glücklicher Kinder
(+ Folgeband)
Wilhelm Heyne Verlag, München 2001

Biddulph, Steve
Jungen! Wie sie glücklich heranwachsen
Wilhelm Heyne Verlag, München 2002

Dahlke, Rüdiger
Krankheit als Sprache der Seele
Goldmann, München 1999

Enders, Ursula; Wolters Dorothee
Schön blöd
Beltz & Gelberg, Weinheim 1999

Goleman, Daniel
Emotionale Intelligenz
Deutscher Taschenbuch Verlag, München 1997

Gottman, John M.
Kinder brauchen emotionale Intelligenz
Wilhelm Heyne Verlag, München, Zürich 1998

Herzog, Dagmar
Die Kraft der Emotionen
Gräfe und Unzer, München 2001

Hoffmann, Klaus W.; Roggenwallner, Bernd
Das EQ-Programm für Kinder
Rowohlt, Reinbek 2001

Kreul, Holde; Geisler, Dagmar
Ich und meine Gefühle
Loewe Verlag, Bindlach 2004

Lemper-Pychlau, Marion; Weisser, Maria
Erziehen mit Gefühl – Emotionale Intelligenz fördern und einsetzen
Verlag Herder, Freiburg 2002

Liebertz, Charmaine, Dr.
Das Schatzbuch der Herzensbildung – Grundlagen, Methoden und Spiele zur Emotionalen Intelligenz
Don Bosco Verlag, München 2004

Park, Yang-Soon
Gesünder leben mit TCM
Hugendubel, Kreuzlingen, München 2004

Petermann, Franz; Wiedebusch, Silvia
Emotionale Kompetenz bei Kindern
Hogrefe Verlag, Göttingen 2003

Pfeffer, Simone
Die Welt der Gefühle verstehen
Verlag Herder, Freiburg 2004

Rich, Dorothy
Lernspiele für den EQ
Deutscher Taschenbuch Verlag, München 2001

Rosenberg, Marshall B.
Gewaltfreie Kommunikation
Junfermann, Paderborn 2004

Scherer, Dieter
Das große Ayurveda-Buch
Heinrich Hugendubel Verlag, Kreuzlingen, München 2002

Servan-Schreiber, David
Die neue Medizin der Emotionen
Verlag Antje Kunstmann, München 2004

Steiner, Claude; Michel, Gabriele; Oberdieck, Hartmut
Die Kunst, sich miteinander wohl zu fühlen
Verlag Herder, Freiburg 2004

Ulich, Dieter; Mayring, Phillip
Psychologie der Emotionen
Kohlhammer, Stuttgart 1992

Velten, Heidi; Walter, Bruno
Große Düfte für kleine Nasen – Räucherrituale
Dufterlebnisse und Gesundheitstipps für Kinder
Kösel, München 2003

Von Salisch, Maria (Hrsg.),
Emotionale Kompetenz entwickeln
Kohlhammer Verlag, Stuttgart 2002

Wolf, Doris; Merkle, Rolf
Gefühle verstehen und Probleme bewältigen
PAL Lebenshilfe Bibliothek, Mannheim 2001

Das Buch ist über den Mehr Zeit für Kinder e.V. und im Buchhandel käuflich zu erwerben. Außerdem sind folgende Buchpublikationen der BARMER und des Mehr Zeit für Kinder e.V. erhältlich:

Eltern sein - Die ersten Jahre
ISBN 3-614-53332-8

Familien in Bewegung
ISBN 3-614-53336-0

Du schaffst das!
ISBN 3-00-010447-X

Sprich mit mir!
ISBN 3-00-014598-2

Bestelladresse im Internet:
www.mzfk.de